组织认同视角下
酒店员工-组织匹配与工作绩效研究

A Study on Hotel Employee-Organization Fit and Work Performance from the Organizational Identity Perspective

马小骅 著

中国商务出版社
·北京·

图书在版编目（CIP）数据

组织认同视角下酒店员工－组织匹配与工作绩效研究 / 马小骅著 . — 北京：中国商务出版社，2023.3
ISBN 978-7-5103-4630-9

Ⅰ. ①组… Ⅱ. ①马… Ⅲ. ①饭店—商业服务—研究—中国 Ⅳ. ① F726.92

中国版本图书馆 CIP 数据核字 (2022) 第 254234 号

组织认同视角下酒店员工－组织匹配与工作绩效研究
ZUZHI RENTONG SHIJIAO XIA JIUDIAN YUANGONG–ZUZHI PIPEI YU GONGZUO JIXIAO YANJIU
马小骅　著

出　　版：	中国商务出版社
地　　址：	北京市东城区安外东后巷 28 号　邮　编：100710
责任部门：	教育事业部（010-64243016）
责任编辑：	刘姝辰
总 发 行：	中国商务出版社发行部（010-64208388　64515150）
网购零售：	中国商务出版社考培部（010-64286917）
网　　址：	http://www.cctpress.com
网　　店：	http://shop595663922.taobao.com
邮　　箱：	349183847@qq.com
排　　版：	德州华朔广告有限公司
印　　刷：	北京明达祥瑞文化传媒有限责任公司
开　　本：	710 毫米 × 1000 毫米　1/16
印　　张：	13　　　　　　　　　　　　　字　数：198 千字
版　　次：	2023 年 6 月第 1 版　　　　　　印　次：2023 年 6 月第 1 次印刷
书　　号：	ISBN 978-7-5103-4630-9
定　　价：	68.00 元

凡所购本版图书有印装质量问题，请与本社印制部联系（电话：010-64248236）
版权所有　　盗版必究（盗版侵权举报可发邮件到邮箱：1025941260@qq.com 或致电：010-64515151）

摘　要

中国已是世界主要的旅游目的地之一，酒店产业作为旅游供给的核心要素已得到长足的发展。但酒店组织在高度依赖为顾客提供优质服务的同时，往往面临着员工高周转率与劳动力短缺的问题。在此背景下，酒店管理者不再将单纯地招募劳动力视为重要的任务，酒店组织更需要了解如何能够建立一支可以灵活应对各种突发变化并且与本酒店组织形成较高匹配度的员工队伍，这也是酒店组织发展的重要议题。

本书剖析了各种影响酒店组织发展的因素，推导出酒店员工与组织匹配所能带来的酒店价值提升与裂变是根源之所在。然而，通过对文献的梳理、分析、评述，作者发现酒店员工-组织匹配在中国酒店组织人力资源管理实践和酒店业相关的研究中都普遍失位。

本书在员工-组织匹配理论框架基础上，结合工作适应理论、心理场理论、社会认知理论、动态能力理论与社会交换理论，旨在对我国酒店员工展开实证研究。第一个研究目标是确定酒店员工-组织匹配（HEOF）的概念、结构、内容和匹配度测量标准；第二个研究目标是实证分析中国酒店员工-组织匹配度（HEOF）、组织认同度（OI）和工作绩效（JP）之间的关系；最后一个研究目标是调查和检验酒店员工的组织认同感在酒店员工-组织匹配与工作绩效关系中的中介效应。

本书的研究内容主要包括：研究人员以多源评级的问卷形式，把中国广东、广西、海南、四川等岭南与西南地区内的酒店类住宿业企业的酒店作为目标案例区域，以便利抽样的形式分别向酒店操作层面的基层员工、酒店中层员工与酒店监察/管理人员（主管、上司）派发了800份调查问卷，样本数据收集过程历时近十二个月，共收到712份酒店基层员工完成的问卷，回复率占89%。其中有些基层员工的问卷因未得到上司的反馈，被认为是无效问卷。本书中酒店操作层面的基层员工、酒店中层员工与酒店监察/管理人员最终有效的问卷分析资料为556份，问卷有效答复率为78%；对所收集的数据通过 SPSS 21.0 展开样本数据描述性分析、方差分析、探索性因子分析、信效度检验；以 Amos 21.0 统计分析软件评鉴理论模型与观察数据间的拟合度、研究变量的信度与效度，以及检验研究变量间的因果关系及相关性关系，并用信赖区间法（Bootstrap Distribution of Effects）检验中介变量的效应。

  本书的研究贡献在于：一、验证了酒店员工－组织匹配的内在结构；二、探明了适宜中国酒店业实情的酒店员工－组织匹配实践构成因素特征；三、拓展了中国酒店业情境下的酒店员工－组织匹配发展研究的深度和广度。同时，研究针对酒店组织对人员招聘、酒店新员工岗位培训与社会化引导提出建议和对策，并详细列清了本书的研究限制与未来研究展望。

  关键词：酒店员工－组织匹配；工作绩效；组织认同

Abstract

China is already one of the world's leading tourist destination and hospitality industry, as an important component of tourism industry in China, has developed greatly. While relying heavily on the provision of quality service to customers, hotel organizations often confronted with the difficulty of labor shortage and high rate of employee turnover. Under this circumstance, it has been an important issue for the future development of hotels that they no longer simply regard the recruitment of labor as a crucial task. The hotel organization should realize the necessity of building a staff team, which could respond flexibly to the various changes and could comply well with the hotel organization.

This book therefore aims to analyze the factors influencing the development of hotel organizations. The source of the problem lies in the promotion of organizational values, which should have embedded in the employee-organization fit. Nevertheless, through sorting out, analyzing and commenting on the existing literature, the author finds that hotel Employee-Organization Fit is generally out of place in both the practice of human resource management in hotel organizations and its theorization in relevant research literature across China.

Based on the theory of Employee-Organization Fit, this book adopts the Theory of Work Adjustment, Psychological Field Theory, Social Cognitive Theory, Dynamic Capabilities Theory and Social Exchange Theory to conduct an empirical research of hotel employees in China. The first objective is to determine the concept, structure, content and measurement standard of hotel

Employee-Organization Fit. The second objective is to examine the relationships among China's Hotel Employee-Organization Fit (HEOF), Organizational Identification (OI) and Job Performance (JP). The final objective is to investigate and examine the mediating effects of Organizational Identification on the relationship between Hotel Employee-Organization Fit and Job Performance.

The book is conducted based on personally administered questionnaires by convenient sampling. In the research area, data obtained from 800 hotel employees and their managers (supervisors) through multi-source ratings have been collected. The sample data collection process lasts nearly 12 months, and 712 questionnaires are received, with a response rate of 89%. However, the sample data of some hotel employees without the feedback from their supervisors are abandoned. The book provides 556 copies of the questionnaires that are ultimately validated by the hotel employees and managers (supervisors). The effective response rate of the questionnaires is 78%. The collected data of sample structure are analyzed by SPSS 21.0 including the descriptive analysis, the variance analysis, the exploratory factor analysis, the reliability and the validity test. And using Amos 21.0 to evaluate the fitting degree between the theoretical model and data researches, the reliability and validity of variables and tests the research on causality and correlativity between variables. Moreover, the Bootstrap Distribution of Effects used in this study allowes the analysis of the effects of the mediating variables.

Consequently, the contributions of this book are as follows: Firstly, it verifies the internal structure of the Hotel Employee-Organization Fit. Secondly, it explores the characteristics of Hotel Employee-Organization Fit appropriate practice in China. Thirdly, this book expands the depth and breadth of the research on the development of Hotel Employee-Organization Fit in the context of China's hospitality industry. At the same time, the book puts forward suggestions and countermeasures for hotel organizations in the recruitment and training of new staff through the socialized guidance in the hospitality industry, and lists the research limitations and future research prospects in detail.

Key Words: Hotel Employee-Organization Fit; Job Performance; Organizational Identification

目 录

第一章 绪 论 ………………………………………………………… 1
    第一节 研究背景 ……………………………………………… 2
    第二节 研究目标与研究目的 ………………………………… 4
    第三节 研究框架 ……………………………………………… 6

第二章 相关理论基础与相关文献综述 …………………………… 9
    第一节 相关理论基础 ………………………………………… 10
    第二节 酒店员工－组织匹配 ………………………………… 20
    第三节 工作绩效 ……………………………………………… 35
    第四节 组织认同 ……………………………………………… 44

第三章 研究架构与研究设计 ……………………………………… 59
    第一节 研究假设与研究架构 ………………………………… 60
    第二节 研究设计 ……………………………………………… 71
    第三节 样本抽样设计 ………………………………………… 95
    第四节 预测试样本分析 ……………………………………… 100

第四章 基于组织认同视角的酒店员工－组织匹配与工作绩效
           实证分析 …………………………………………………… 111
    第一节 调查问卷的收集 ……………………………………… 112
    第二节 人口统计背景的描述性统计 ………………………… 113
    第三节 对问卷答复的描述性分析 …………………………… 117
    第四节 单因子变异数分析（ANOVA）……………………… 119

  第五节 模型测量分析························125
  第六节 结构方程模型检验····················136

第五章 研究结论与研究展望························153
  第一节 研究结论······························154
  第二节 研究创新点····························161
  第三节 研究应用······························163
  第四节 研究启示与建议························167
  第五节 研究局限与展望························172

参考文献····································176

第一章

绪 论

第一节　研究背景

酒店业属于旅游供给的核心要素，是旅游业不可或缺的板块。中国已是世界主要的旅游目的地之一，酒店产业得到长足的发展。随着市场消费结构的变化和人口结构的深度调整，为了应对复杂的环境变化，传统的酒店人员配置模式需要有所改进。由于当前酒店行业环境的变化和行业间竞争的加剧，酒店业员工流失现象较为突出，酒店人力资源管理的重要性已经得到酒店企业普遍重视。员工与组织匹配所能带来的酒店价值提升与裂变已引起广泛关注，成为组织行为理论学界（Patsfall and Feimer, 1985; Caplan, 1987; O'Reilly, Chatman, and Caldwell, 1991; Kristof, 1996; Jansen and Kristof, 2006; Tims, Derks, and Bakker, 2016）和酒店业关注的重要命题（Tepeci and Bartlett, 2002; Dawson, Abbott, and Shoemaker, 2011; 卢竹, 2014; Downes et al., 2016; Bui, Zeng, and Higgs, 2017）。酒店业之间的竞争从硬实力（资本、厂房、设施设备、产品等以物化形式存在的要素）的比拼，上升为软实力（Soft Power，例如，企业组织通过对特定资源的转化与占有，吸引企业利益相关者以获取价值认同，并最终实现企业组织目标的能力）的竞争。

一、研究背景

中国作为世界主要的旅游目的地之一，随着改革开放对旅游业的推进，中国旅宿业类型从事业单位招待型管理逐步向企业单位经营型管理转变。中国酒店不仅数量上呈现大规模扩张，酒店综合服务质量也得到长足的发展，成为中国旅游业发展的重要产业基础。以中国旅宿款待业的酒店组织与其员工为研究案例目标有较高的研究价值和代表性。

酒店的运营管理与发展，离不开酒店员工的实践与参与。有效地利用人力资源，已成为酒店企业运营成功的重要因素之一。酒店行业的特点往往是低工资、低工作保障、工作时间长、有限的个人发展机会和市场供需显现出明显的季节性变化（Downes et al., 2016）。这些工作属性导致了酒店业从业人员的高周转率和劳动力短缺。因此，酒店组织面临的挑战是寻找和雇用与酒店组织匹配的人员，并能够在困难的情况下管理人员和服务过程。

酒店员工是酒店软实力中的核心资源。酒店企业人力资源管理的重中之重是改善员工的工作绩效（卢竹，2014）。Lee 等（2017）认为酒店组织在市场中为了寻求生存和发展，不仅要吸引且选聘适合该酒店工作的高素质人才，更重要的是能把与酒店组织相匹配的高素质人才留在组织内。

所以，酒店管理者不再将单纯地招募劳动力视为重要的任务，酒店组织更需要了解如何能够建立一支可以灵活应对各种突发变化并且与本酒店组织形成较高匹配度的员工队伍。

二、问题提出

酒店员工－组织匹配提升了人力资源在酒店组织运营中的重要性（Madera, Dawson, and Neal, 2016; Choi, Kim, and McGinley, 2017; Lam, Huo, and Chen, 2018）。为了应对战略转移、体制创新和规模变化，酒店组织需要足够的时间和精力来应对组织结构再造、重组这些复杂情况。这意味着酒店组织面临着适应持续性变化的挑战，其目标是寻找和雇用与酒店组织发展相匹配的人员，并能够在困难的情况下胜任酒店组织的管理和服务（Dawson et al., 2011）。员工－组织匹配（Employee-Organization Fit, E-O Fit）对员工的工作态度、工作行为及工作结果都有影响（奚玉芹，2012）。随着酒店组织在市场竞争中不断面临着经营范围转变、流程重组、战略调整、规模变动、酒店产品创新等组织性变革，以及酒店类型的市场变化，酒店产品生产和消费的同时性、不可转移性等特征都必须依托其员工实现，所以员工同样被认为是酒店业的核心资产。

目前，很多学者在研究"人－组织匹配"（Person-Organization Fit, P-O Fit）和"员工－组织匹配"。随着学者们对员工－组织匹配相关的研究逐渐增多，员工－组织匹配程度会对员工的工作绩效产生某种程度上的积极影响在学术界已经得到验证。Muchinsky 与 Monahan（1987）认为员工－组织匹配的程度取决于员工个体因素特征（如知识、技巧、能力、需要、价值观等）与组织因素特征（如工作条件、组织文化、组织气候等）之间的一致性匹配和互补性匹配程度。国内外关于员工－组织匹配的研究多以一般的社会企业员工为研究对象，但酒店行业作为劳动密集型的服务产业，具有独特的运行机制、管理职能和生产方式，酒店员工－组织匹配（Hotel Employee-Organization Fit）的影响因素不仅受到酒店组织内部的影响，而且受到酒店组织外部因素的影响。

酒店组织作为一个完整的系统，凝聚力是酒店行业最重要的文化元素。提升酒店人力资源竞争力，降低酒店员工流失率已成为酒店业持续健康发展的关键。酒店组织与员工各自具备基本特征、（供给）资源和需求（要求）。本书不是对员工与酒店组织各自的基本特征、（供给）资源和需求（要求）进行单独分析，而是侧重于研究员工与酒店组织二者之间的互动关系。基于以上分析，本书提出研究问题：

（1）酒店员工－组织匹配的操作性定义、结构内容和匹配度测量范畴与内涵。

（2）中国酒店员工与组织的匹配程度、组织认同与工作绩效影响机制之间具有怎样的互动关系。

（3）酒店员工的组织认同感在酒店员工－组织匹配对于工作绩效的激励机制的过程中是否起到中介作用。

第二节　研究目标与研究目的

一、研究目标

基于上述研究背景的描述，酒店员工－组织匹配对于工作绩效具有重要影响。因此，本书的研究目标为：探寻酒店员工－组织匹配通过怎样的机制对酒店员工的工作绩效产生作用。

二、研究目的

Lee 等（2006）基于酒店的服务质量及客户对酒店企业的总体评价，认为酒店的竞争力在很大程度上取决于雇员能力的强弱。酒店员工和酒店组织之间形成高匹配度时可以提升酒店的管理水平与行业竞争力（Lam et al.，2018）。在酒店组织运营管理中，提升员工个人与酒店组织之间的匹配程度，将会改善员工的工作态度，增强酒店组织团队的凝聚力，进而提升员工的工作绩效。本书将在员工-组织匹配理论框架的基础上，结合已有研究，以酒店从业人员为研究对象，深入研究酒店员工-组织匹配对工作绩效的机制的影响因素，揭示其发生的机制，为实践工作提供理论支撑。具体来说，本书的研究目的是：

（1）探索影响酒店员工-组织匹配的因素。尝试在理论模型构建的基础上，对酒店操作层面的基层员工展开酒店员工-组织匹配影响因素的研究，并进一步分析员工-组织匹配对工作绩效的影响机制与互动关系。

（2）探索酒店员工-组织匹配与组织认同之间的作用。本书通过酒店员工对组织认同的感知，解释员工在组织中的心理状态与行为，并为员工-组织匹配对工作绩效影响机制的中介作用提供适当的分析角度。

（3）探索讨论酒店员工的组织认同与员工工作绩效之间的关系。对员工进入酒店组织之后，员工在与组织匹配的过程中对工作绩效产生影响的机制展开实证研究分析：当员工与酒店组织之间形成兼容性匹配与适配性匹配后，酒店员工价值观匹配、需求-供给匹配和要求-能力匹配对酒店员工的任务绩效、人际促进、工作奉献的影响。

（4）构建酒店员工-组织匹配影响因素的理论模型。通过对酒店员工-组织匹配影响因素的分析，进一步探讨当酒店基层员工与酒店组织形成兼容性匹配与适配性匹配后，员工与酒店组织匹配、组织认同以及工作绩效的关系，并且探寻组织认同在员工个人与组织价值观匹配和工作绩效之间的中介作用。

第三节　研究框架

一、技术路线

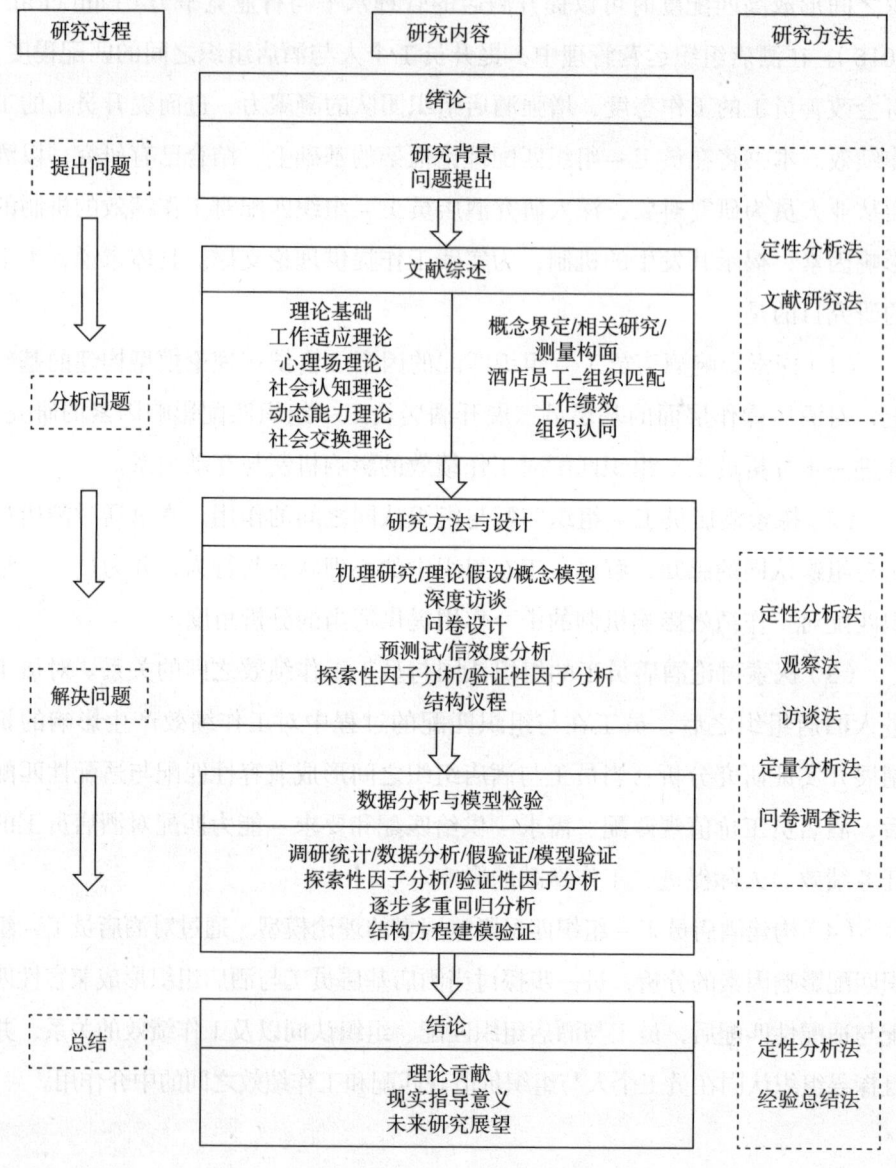

图1　研究技术路线流程示意图

本书技术路线遵循"提出问题—分析问题—解决问题"的逻辑思维范式。

提出问题。阅读文献，了解员工-组织匹配的研究现状与不足，提出员工-组织匹配影响因素这一研究问题，分析酒店员工-组织匹配形成的理论依据，提炼研究问题。

分析问题。进一步深入总结酒店员工-组织匹配、工作绩效、组织认同、心理场理论、社会认知理论的相关文献，最终得出酒店员工-组织匹配、组织认同、工作绩效三个方面，构建主要的研究框架和理论模型，确定研究假设与理论模型，展开问卷设计，并在此基础上设计结构式问卷，展开问卷数据调研采录。

解决问题。通过实证调研问卷调查收集抽样数据，利用统计分析软件Amos 21.0对实际抽样数据展开分析，对提出的假设展开检验模型。在此基础上提出结论与建议。

二、本书章节安排

本书共分为五章，具体的章节安排如下：

第一章为绪论。本章分析中国酒店员工-组织匹配研究背景与现实存在的问题，由此提出研究问题与研究目的，阐明本书的理论意义与实践意义，确定研究目标、研究流程与各章节内容。

第二章为相关理论基础与相关文献综述。本章通过对已有文献的总结，回顾相关理论基础，厘清研究框架。通过回顾相关文献资料梳理关于员工-组织匹配、组织认同、工作绩效等方面的启示与内涵。

第三章为研究架构与研究设计。本章在对第二章的基础上，提出本书的相关假设，确定研究方法，阐述实证研究的设计和研究过程，构建本书的酒店员工-组织匹配影响因素的理论模型。对部分问卷量表做项目分析，展开问卷调查开发设计，开展预调研并进一步细化调整问卷。对调查问卷的题项展开描述性统计分析，对研究样本的数据进行总体正态分布检验以及对主要变量作相关分析。对问卷量表的建构进行探索性因子分析（EFA）的效度检验和信度检验,并对研究数据的质量展开验证评估。

第四章为基于组织认同视角的酒店员工-组织匹配与工作绩效实证分析。本章将正式发放问卷,回收问卷,展开数据分析,利用Amos 21.0统计分析软件,通过信效度检验,展开相关性分析独立样本的T检验数据,对本书的问卷量表做验证性因子分析(CFA),以检验测量模型的收敛效度,并做探索性因子分析,以明确各量表变量的判别效度评价,对资料展开描述性分析、总体测量模型评估与路径检定,通过Bootstrap对研究中介假设展开检验,验证是否成立。

第五章为研究结论与研究展望。本章将根据研究结果展开总结与讨论,依据检验结果对模型展开验证,总结研究结果。提出本书的理论贡献与实际指导酒店企业发展的建议,最后提出本书的局限与未来研究方向的展望建议。

第二章
相关理论基础与相关文献综述

第一节 相关理论基础

员工－组织匹配作为人－环境匹配（Person-Environment Fit，P-E Fit）的重要维度之一，广泛地被定义为当个体与工作环境的特征相匹配时出现的兼容性。员工－组织匹配已成为组织行为学领域重要的研究之一。大量研究显示员工－组织匹配对员工个体和组织两方面影响深远，员工与组织的共赢建立在双方能满足对方需求和利益的基础上（O'Reilly，Chatman，and Caldwell，1991；Stevens and Kristof，1995；张燕君与黄健柏，2010；Mostafa and Williams，2013；Memon，Salleh，and Baharom，2014；Downes et al.，2016；Madera，Dawson，and Neal，2016，2017）。

在组织心理学领域中，对组织行为学的研究集中在个体、群体（团队）和组织三个层面。Lewin（1939）基于人与环境互动理论建立心理场理论（Psychological Field Theory），以人类动机（Motivation）和团体动力学（Group Dynamics）研究团体成员动力相互之间相关性的社会行为。员工－组织匹配理论的运用可以追溯到 Argyris（1957）在工作扩大和参与管理方面的工作理论，其受到帕森斯环境匹配职业决策模型（Model of Person-Environment Fit）与工作适应理论（Work Adjustment Theory）的影响。Tom（1971）强调个体与组织的相似性是人与组织匹配的关键点。人与环境的互动使个体产生了匹配感受，员工个体特征或者环境特征都不能单独地解释员工的行为与态度的差异。员工个体工作角色转换导致职业选择，表现在员工对工作的满意度和流动的倾向性之中，同一工作环境中的员工产生的人际环境取决于员工个体的个性特征与职业环境的匹配程度（Holland，1997；Lu et al.，2013）。

一、工作适应理论

(一) 工作适应理论(Work Adjustment Theory)的内涵

工作适应理论为工作角色转换提供了理论框架，Bretz和Judge (1994)认为员工和雇主互相影响。Caplan (1987)从人与组织互相满足对方需要的角度，将员工-组织匹配划分为个人需求与组织之间的供给匹配和组织工作要求与个人之间的能力匹配。美国职业生涯管理学家Schein (1996)研究员工从"组织外部人"向"组织内部人"的转变过程，并提出职业锚 (Career Anchor)理论。

Schein (1996)将个人职业生涯分成九个阶段：成长探索阶段、进入工作阶段、基础培训阶段、正式成员资格阶段、职业中期阶段、职业中期危险阶段、职业后期阶段、衰退和离职阶段与退休 (离开组织)阶段。Holland (1997)开发了职业规划六角形模型 (RIASEC)，反映了员工个性-职业类型的六种职业个性：现实型 (Realistic)个性职业、研究型 (Investigative)个性职业、艺术型 (Artistic)个性职业、社会型 (Social)个性职业、企业型 (Enterprising)个性职业和保守型 (Conventional)个性职业，他认为员工个人对其职业的满意度、员工职业的成就感以及职业稳定度，很大程度上取决于员工个人的人格和个性与其职业类型的匹配程度。

工作适应理论属于职业特质论的范畴，随着研究的推移，其重点扩展到员工个人在工作情境中的各种适应问题，强调员工就业后个人需要的满足。对于员工个体是否能达到其工作环境要求的考虑，形成职业生涯 (职业锚)的发展。职业选择体现出员工对工作的满意度和流动的倾向性，同一工作环境中的员工产生的人际环境取决于个体的个性特征与职业环境的匹配程度 (Lu et al., 2013)。

工作适应理论与职业选择理论支持了酒店员工-职业匹配 (Hotel Employee-Vocation Fit)理论的纵向命题并作出理论贡献。这对于酒店员工-组织匹配过程中，员工个体对于工作的选择以及酒店企业对人员管理决策等的结果变量 (例如，员工工作满意、工作投入、离职行为、组织认同、周边绩效和任务绩效等）产生重要的影响。工作适应理论通过评估酒店员工个体人格与酒店职业环境之间相似性条件的匹配，来预测员工对酒店的职业选择，使个人与职业匹配理论成为酒店员工－组织匹配的基础（Kong，Cheung，and Song，2011）。

（二）工作适应理论对酒店员工－组织匹配的启示

工作适应理论对酒店员工－组织匹配的理论启示体现在员工入职酒店后，个体经历的学习、培训、自我塑造、自我规划等准备工作中。员工个体先选职业再选工作单位或先选工作单位再选职业或同时选择职业与工作单位的过程，在某种程度上都包含了员工－职业匹配或员工－组织匹配。若无法实现员工－职业匹配，即员工找不到与其个性相似的职业，员工个体将会不断地努力或调整，以适应职业环境，从而实现员工－职业匹配，否则二者不兼容，员工会被职场淘汰。

当员工个人努力地寻求其个人与工作环境间的调适性时，不仅工作环境能满足个人的需求（Satisfaction），员工个人也能顺利完成工作上的要求（Satisfactoriness），员工－组织之间的匹配程度会随之得到提高。当酒店员工的个性特征与其服务的酒店的职业要求一致，并能实现匹配时，员工个人的酒店职业经历是令人愉快的，会产生最高的满意度和最低的职业流动率。事实上，员工个人在酒店工作情境中的适应与调适问题，强调进入职场后组织对个人需要的满足，同时考虑员工能否满足酒店组织工作环境的要求。完成由"不匹配"到"匹配"、"主观匹配"到"客观匹配"的过程，不仅是某个酒店员工－组织匹配的变化过程，也是酒店员工寻找或开发其职业锚的过程。

根据前人的研究成果，本书从工作适应与职业发展的角度展开对酒店员工－组织工作匹配的各种假设与推断，观察各种影响酒店员工－组织匹配适应良好与否的结果因素。

二、心理场理论

（一）心理场理论（Psychological Field Theory）的内涵

美国心理学家 Lewin（1939）基于人类动机和团体动力学，借用物理学中"场"（Field）的概念从人与环境互动的角度出发，即"为了理解和预测个体行为，个体与其所处的环境必须被看作相互依存的因素"，首次提出了心理场理论与人–环境匹配理论。

Lewin（1951）认为，正如团体与其环境形成社会场，个人在其生活空间（Life Space，简称 Lsp）、工作空间里也会形成心理场，包括内在的心理场（过去及现在的生活经验、内在需求等）和外在的心理场（外在的环境因素）；个人与其心理行为（B）取决于个体（P）和环境（E）的相互作用，个体行为取决于个体的生活空间（Lsp）。人–环境匹配取决于个人与环境相互作用的程度。心理场理论指出，个体的行为和态度并不单纯地受个人特质影响（Dawis，1980），也并不是单纯地受环境特质影响（Reichers，1986）。这一理论为员工–组织匹配的观念提供了理论基础。

心理场理论的定量分析可表明个体在某种情境里可能作出的各种行为有哪些将会成为现实，这成为团体成员动力相互相关性的社会行为的理论基础。员工与组织匹配体现个人特征与环境特征的兼容性被应用于组织研究中（Jansen and Kristof，2006）。

心理场理论从系统的角度看待人–环境匹配，从员工（Employee）与组织（Organization）两个层面来研究个体行为和组织行为的互动关系（Dawis，1980，1992；Reichers，1986；Jansen and Kristof，2006；Karatepe and Kaviti，2016；Lee et al.，2017）。个人与环境的匹配程度不同，个体的行为也就不同，主要有以下几种形式：员工–职业匹配（Employee-Vacation Fit）、员工–群体匹配（Employee-Group Fit）、员工–工作匹配（Employee-Job Fit）、员工–组织匹配、员工–他人匹配（Employee-Person Fit），分别反映了人与环境在某个方面的兼容程度，如图2所示。

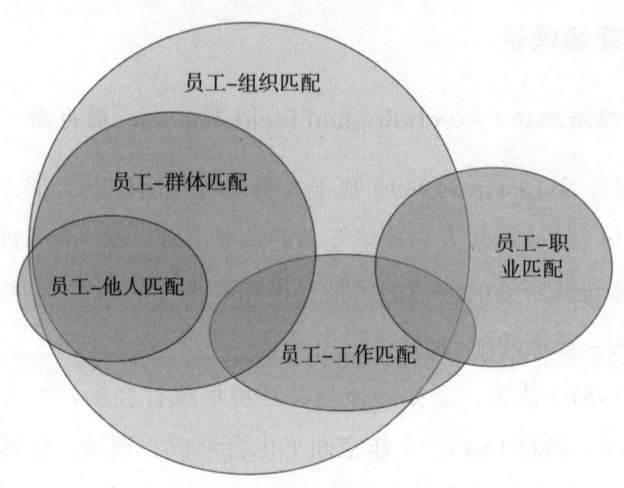

图 2　员工 – 环境匹配示意图

（二）心理场理论对酒店员工 – 组织匹配的理论启示

心理场理论对酒店员工 – 组织匹配的理论启示基于员工个体或酒店组织相对于彼此的当前位置来描述员工个体或酒店组织的集合时，场便是存在的。该方法尤其适用于酒店组织的应用型研究。酒店所提供的产品由住宿、餐饮、休闲及娱乐等各种服务元素组成。依据不同类型酒店的档次与规模，单体酒店可能提供基于这几方面的单类型产品或各类产品的组合。对消费者而言，其在酒店产品的消费体验并不仅是客房、餐食等消费体验产品本身，本质上更是酒店员工提供的服务本身给其带去的独特的消费体验。所以，从该角度来看，在提供服务的酒店员工与消费者互动的过程中，酒店员工的表现直接影响着顾客的购买体验，进而影响酒店组织的收益。

酒店员工个体的基本特征、态度、能力与工作环境不但影响员工的个人行为，而且影响其所在的环境与个体间的互动关系。对于酒店员工而言，其面临的职业环境不仅来自酒店组织的外部环境，还来自酒店组织的内部环境，且包括酒店的群体环境与个人心理环境。本书受到心理场理论的启示，希望从员工个人与组织环境的互动程度出发，研究员工与酒店组织之间的互动结果。值得注意的是，本书提到的环境不仅指酒店组织的物理环境，还包括酒店员工个体的心理环境，由此展开对酒店员工与环境互动的假设，尤其是酒店员工个体与酒店组织环境间的互动、酒店员工个体与其工作群体间的互动。

三、社会认知理论

（一）社会认知理论（Social Cognitive Theory）的内涵

社会认知理论作为组织行为学的重要分支，通过考察人们如何掌控自己的人生，认为人们能在自我发展、自我适应和自我更新的过程中扮演变革能动者的积极角色。社会认知理论反映出个人与环境互动的过程属于个体与组织的特征、供给与需要相互影响的过程。Bandura（1986，2001，2002）研究表明不仅环境会引发人们的各种行为后果，个体行为也会塑造环境。Bandura（2001）将这一过程总结为"交互决定论"，以此来解释员工与组织之间本质上处于交换关系（例如，投入与回报、诱因与贡献的关系）。社会认知理论区分了三种能动性（Agency），即直接人格能动性、代理能动性和集体能动性。其在以下三个方面与组织管理关系密切：（1）人们如何发展认知、社会以及行为方面的胜任力（Cognitive, Social and Behavioral Competecy）；（2）人们如何发展对自身能力的信念，从而有效利用其知识与技能；（3）人们如何通过目标系统发展个体动机（Bandura and Locke, 2003）。

（二）社会认知理论对酒店员工－组织匹配的启示

酒店组织场域联合各酒店组织群体与个人，彼此之间产生了共同的文化和观点。酒店员工－组织匹配程度取决于员工与酒店组织价值观的相似性、供给与需要的相互满足程度。社会认知理论在一定程度上揭示了员工个体与社会环境之间的相互作用关系，基于人类活动由个体行为、个体认知与其他个体特征（预期、信念、态度和知识）及行为（选择、行动和言语表述）、个体所处的外部环境因素（资源、行动结果、他人和物理条件）交互完成，共同影响了一个人的行为。基于这一理论出发，人既是环境的塑造者，也是环境作用下的产物。这为酒店员工－组织匹配对工作绩效的影响研究提供了一个新的视觉角度，对正确认识和引导酒店员工个体的行为有着重要的作用。

酒店员工－组织匹配则是社会交换关系理论的延展与具体表现，研究主要围绕以下两个基本问题展开：首先是组织对其成员的思想、感情以及行为的影响方式；其次是组织内的各成员的行为方式与其绩效对于整个组织绩效的影响。酒店员工在工作中有付出和回报，酒店组织也根据酒店员工的表现和付出予以回报。然而，酒店员工与酒店组织彼此间的付出与回报是否平衡和彼此的满意程度，都决定了酒店员工－组织匹配中兼容性匹配与适配性匹配的强度、变化速度和均衡性程度。

本书把酒店员工个体的心理与对酒店组织的认知过程（组织认同）作为第三个要素，构建酒店工作环境、酒店员工行为、酒店员工个体心理与认知过程共同决定酒店员工行为活动的分析框架，从而提出了酒店员工－组织环境匹配对员工工作绩效影响机制的假设并展开相关验证。

四、动态能力理论

（一）动态能力理论（Dynamic Capabilities Theory）的内涵

动态能力是一种习得的、稳定的行为模式，企业通过这种行为模式可以系统地创建和调整其运行方式，从而提高企业的效率（Nelson and Winter, 1982; March, 1991）。Teece、Pisano 和 Shuen（1997）提出动态能力理论，考察企业如何通过整合、构建、重新配置内外部资源和能力生成一种新能力，使其适应快速变化的环境。动态能力理论的目的是阐释企业在响应和创造环境的过程中，如何利用动态能力来创造和维持相对于其他企业的竞争优势，以形成组织相对于其竞争者表现更优异的、高层级的、习得的、模式化的、重复的行为的集合（Zollo and Winter, 2002; Teece, 2007; Macher and Mowery, 2009）。

（二）动态能力理论对酒店员工－组织匹配的启示

动态能力理论对酒店员工－组织匹配的理论启示体现在对酒店企业如何整合、构建、重新配置内外部资源和能力以生成一种新能力的考察上。组织能力是对现有资源的有效开发，而动态能力是对新机遇的有效开发和实施，为酒店企业带来持续的竞争优势。在复杂的经济环境和巨大的竞争压力下，酒店内部岗位以营利性的运营部门（前厅部、客房部、餐饮部、康乐部、营销部）与为酒店组织提供保障性支持的酒店后区部门（工程部、财务部、人力资源部、行政部、酒店其他部门）为主，但也会随市场需求变化而出现营运部门与保障部门的衍生、整合与更迭波动。例如，万豪集团旗下的丽思卡尔顿酒店将前厅部、客房部、行政酒廊、保洁部、洗衣房等部门归并为房务部管理，房务部成为酒店组织内管理区域与部门职责最为广泛的部门。酒店企业实际上将其组织能力重新组合或重新配置成更能适应其环境的新能力，在某种意义上形成酒店员工－组织匹配的竞争优势。当酒店企业能够重新塑造能力，将其能力与不断变化的环境需求相匹配时，该酒店企业将会超越其竞争对手。

过去旅游电子商务欠发达，酒店发展早期技术手段单一，客人意见与需求的处理只能通过手工统计，质量监控的同步性尚未形成。现今互联网时代下，对酒店营销方式与质量监控的转变，越来越重视能及时统计并回馈定期的销售资料以及客人的舆情评价。例如，万豪集团旗下的酒店几乎都设立了质量监察部门。酒店内的行政酒廊（Executive/Club Lounge）的设立让更多具有会员身份的顾客有了更便利及私密的酒店公共服务场所，很多酒店将行政酒廊设为酒店中的"酒店"，这里可以为行政楼层入住的顾客提供办理入住、退房或膳食等服务。

酒店以提供服务的人力资源和对客服务过程中所利用的其他社会资源为竞争主体。酒店企业之间的竞争早已从硬实力（资本、厂房、设施设备、产品等以物化形式存在的能力）的比拼转换到酒店组织软实力（企业组织对特定资源的占有、转化和传播）的较量，即吸引企业利益相关者等客体，获取他们的价值认同，使其产生企业所预期的行为，最终达到企业目的。当酒店组织通过整合、构建、重新配置其内外部资源和能力来适应快速变化的环境，形成酒店员工－组织匹配的优势时，该酒店组织就具有高动态能力。

首先，帮助酒店企业感知到行业和环境所发生的变化，使其在行业的变革中位于前列。其次，酒店员工与工作群体之间的合作与分工确定需要更新的组织能力，以更好地满足酒店企业对快速变化的环境的匹配要求。最后，保持酒店组织正常的运行。优秀的酒店企业要想取得成功必须持续满足快速变化的环境的需求。酒店管理者的任务是帮助酒店企业感知、学习、整合和协调组织资源和能力，让酒店员工适应市场动态变化的要求，实现酒店员工与酒店组织的匹配。

五、社会交换理论

（一）社会交换理论（Social Exchange Theory）的内涵

社会交换理论是20世纪50年代在西方社会学界产生的一种社会学理论。Blau（1955，1960，1964，1968，1994）认为人际间的社会交换开始于社会吸引，社会吸引过程的形成（成功、刺激、价值、剥夺－满足、攻击－赞同、理性）导致社会交换过程将维持人们之间的相互吸引与继续交往。Homans（1958）强调小群体研究的重要性，通过分析活动、交往和情感三者关系的行为变量，奠定交换理论前期的基础。

Schneider、Goldstein 和 Smith（1995）提出 ASA 理论[吸引（Attraction）－选择（Selection）－摩擦（Attrition）]，关注员工个人特征与组织特征的相似性，假设吸引、选择和留在组织都是由员工与组织匹配知觉的相似性（目标、价值观、工作风格、工作态度等）所决定的。张燕君（2011）认为对员工个体与其工作而言，员工能够预期两者间存在着某种程度的社会吸引，员工个体能够提供满足工作要求的知识和能力，工作也能够提供满足个体需要的报酬和资源。

社会交换理论表明，很多的工作要求可以反映组织的特征，Lauver 和 Kristof（2001）认为这从概念上区分了工作环境的组成成分。在酒店员工－组织匹配的过程中，酒店员工与酒店组织实现对各自需求的满足，某种程度上决定了酒店员工－组织之间互补性匹配的频率、转换速度与程度。酒店组织对员工提供的投入与员工对酒店组织的回报，体现了员工与酒店组织之间的社会交换关系。

Choi、Tran 和 Kang（2017）采用文化研究方法对越南五家电信公司207名员工的样本展开了测试，探讨员工幸福感、包容性领导、员工－工作匹配、创新行为、员工工作胜任度这些关系变量间的相互作用和对创新行为的影响。当员工个体感知到酒店员工－组织匹配，员工个体的风险评估结果是收益高于损失时，该评估结果将会积极地影响员工个体与工作交换关系的态度与情感，如情感承诺、工作满意度等（Paek et al.，2015）。

（二）社会交换理论对酒店员工－组织匹配与工作绩效的启示

酒店组织行为是置身于酒店组织中的各员工行为特征的集合，其研究目标是预测与理解酒店组织行为。酒店员工在实现公司收入最大化方面扮演着重要的角色，服务质量和客户对公司的总体印象在很大程度上取决于雇员的能力。

共同价值可以用来稳固人与人之间的关系结构。酒店员工对酒店组织的回报包括组织公民行为、员工绩效与组织承诺。酒店组织对员工提供的投入和回报包括薪酬、经济性福利、参与决策及职业生涯管理等。Bretz、Ash 和 Dreher（1989）的研究结果显示员工－组织匹配影响着组织吸引、工作接纳意图和雇佣推荐。

员工在面临应聘（求职）、组织内的工作变更及组织变革的时候，会全面地评估自身的工作态度、工作目标、工作幸福感、价值观和个性特质是否与组织的目标、价值观、结构流程、工作回报和组织文化匹配。王萍（2004）认为员工始终倾向于选择与自身个人特点相适合的组织，该组织发展目标有利于自身的职业发展。基于此类判断，社会交换理论和 ASA 理论奠定了酒店员工－组织匹配理论的重要理论基础。其中，社会交换关系的互惠原则对员工－组织匹配有着重要价值导向，不仅强调了酒店员工个体须符合某种特征特质才能进入酒店组织，而且强调了当员工个体与酒店组织的特征要求不符时，员工会离开酒店组织。

同构性的互惠倾向体现于酒店员工－组织匹配理论的兼容性匹配，而异质性互惠更多地体现出酒店员工－组织匹配理论的调适性匹配。酒店组织关注酒店员工个人特征与酒店组织特征的相似性，酒店员工－组织匹配理论将认酒店员工是否与酒店组织保持一致为标准，有区别地吸引各类型的员工加入酒店组织。

酒店组织根据其要求的特征特质（目标、价值观、工作风格、工作态度等）对员工展开正式或非正式的选拔，只有当与组织目标特征相似的员工进入酒店组织后，他才更容易适应新的酒店组织环境和酒店工作环境。谢清隆（2011）现代交换理论从心理学行为主义借用了报酬、惩罚的观念，把行为当成心理需求驱使的结果。如果不具备相似特征的员工进入酒店组织，那么酒店组织会淘汰员工或员工个人会主动离职。

六、小结

本节从员工与组织之间的互动关系中，寻找构建酒店员工－组织匹配理论的依据。本节重点分析了工作适应理论、心理场论、社会认知理论、动态能力理论与社会交换理论对酒店员工－组织匹配理论的内涵建构与影响。本书认为酒店员工－组织匹配是以个人与职业的互动为基础，是员工与酒店组织互动的结果，是员工与酒店组织生态呈动态化的具体体现。这为后续章节中对酒店员工－组织匹配的影响因素的模型构建奠定了理论基础与研究范式。

第二节　酒店员工－组织匹配

一、酒店员工－组织匹配的概念与研究发展历程

员工与组织匹配的研究探讨为组织行为学的研究与发展开辟了新的视野和新的领域。Muchinsky 和 Monahan（1987）提出该理论并应用在人与环境的匹配上，根据员工个体因素（如知识、技巧、能力、需要、价值观等）和组织因素（如组织文化、工作条件、组织价值观、组织气候等）对个体或组织结果的影响，强调环境特征下个体的特征所产生的两种匹配类型：一致性匹配（Supplementary Fit）和互补性匹配（Complementary Fit）。Caplan（1987）从员工个人和组织双方互相满足各自需要的角度，进一步把员工－

组织匹配划分为员工个体需求与组织供给匹配和及组织工作要求与员工个体能力匹配。

在总结了以往研究的基础上，Kristof（1996）认识到员工－组织匹配的多种概念，同时考虑了一致和互补两种观点。Kristof（1996）归纳提出了员工－组织匹配的整合模型，主要表现在以下三个方面：价值观匹配（Value Fit）、需求－供给匹配（Needs-Supplies Fit，N-S Fit）和要求－能力匹配（Demands-Abilities Fit，D-A Fit）。该模型已成为现阶段学术界在员工－组织匹配研究领域中最广为接受的多维概念模型（图3）。

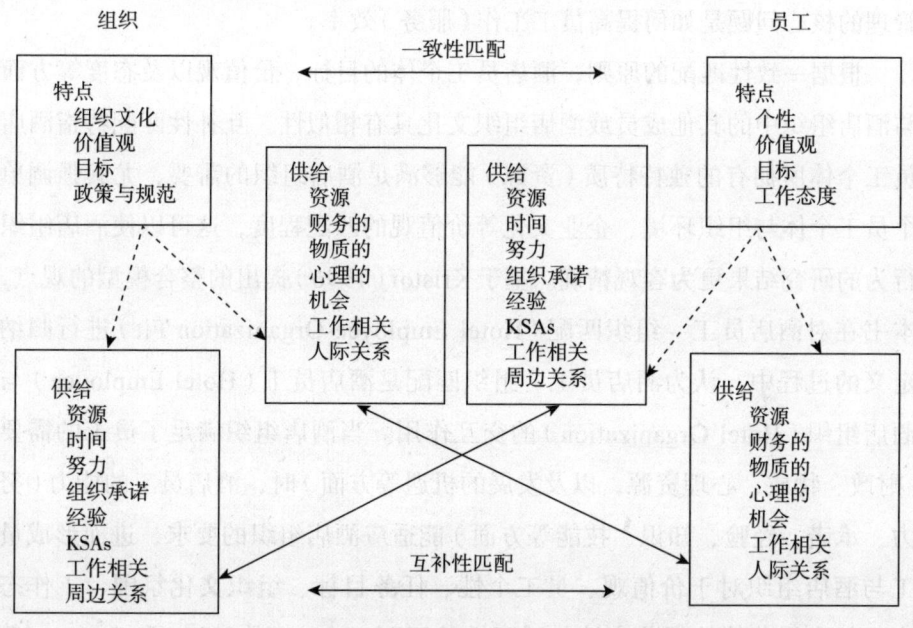

图3　员工－组织匹配的多维概念模型［Kristof（1996）］

在对员工－组织匹配进行定义的过程中，学者们把员工－组织匹配宽泛地定义为员工与组织间的兼容性（Bretz and Judge，1994；Adkins，Russell，and Werbel，1994；Cable and Judge，1994，1996；Brigham，Castro，and Shepherd，2007；奚玉芹，2012；赵卫东、吴继红、王颖，2012；Downes et al.，2016；尹烁，2017）。酒店员工与组织匹配问题研究是基于酒店组织和员工个体两个层面，对员工个体与酒店组织的互动关系展开研究。

在动态的、复杂的、不确定的环境下，酒店组织的生存与发展需要其不断寻求自身的竞争优势。酒店组织不仅要考虑技术和物质因素，而且必须寻求有效的解决方案，提高酒店组织的快速反应能力、适应能力以及核心竞争力。不同的酒店组织设置和组织行为可能会影响功能单位或团队的行为和表现，进而影响酒店员工的行为和表现（Li，Wong，and Kim，2016）。在酒店生产（服务）管理阶段，酒店员工的专业化行为体现在酒店软实力竞争机制上，最为突出的表现是酒店工作现场的管理（Lee et al.，2017）。酒店组织由各个员工个体组成，当员工个体的特征成为工作环境中不可或缺的部分时，管理的核心问题是如何提高员工工作（服务）效率。

根据一致性匹配的原则，酒店员工个体的目标、价值观以及态度等方面与酒店组织中的其他成员或酒店组织文化具有相似性。互补性匹配特指酒店员工个体所拥有的独特特质（资源）能够满足酒店组织的需要，尤其强调单个员工个体与组织环境、企业文化等价值观的匹配程度，这可以使酒店组织行为的研究结果更为客观精确。基于 Kristof（1996）提出的整合模型的观点，本书在对酒店员工 – 组织匹配（Hotel Employee-Organization Fit）进行归纳定义的过程中，认为酒店员工 – 组织匹配是酒店员工（Hotel Employee）与酒店组织（Hotel Organization）的交互作用。当酒店组织满足了员工的需要（财政、物质、心理资源，以及发展的机遇等方面）时，酒店员工的能力（努力、承诺、经验、知识、技能等方面）能适应酒店组织的要求，进而形成员工与酒店组织对于价值观、员工个性、任务目标、组织文化氛围、工作态度、行为规范等特征兼容性与适配性的匹配。Kristof（1996）和 Downes 等（2016）提出的员工 – 组织匹配形成的条件基于：（1）员工与组织双方中至少有一方能提供满足另一方需求的资源；（2）员工和组织双方拥有某种相似的基本特征；（3）以上两种状态都存在。上述三种状态的均衡性、交互程度、强度及变化速度都决定了员工与组织的匹配程度。

通过回顾酒店员工 – 组织匹配的相关研究，笔者发现酒店组织会基于酒店工作的发展与人际交往的机会来满足员工个体的需要。从酒店组织满足员工个体需求的角度上看待需求 – 供给匹配，酒店组织为满足员工个体需要和偏好提供了回报性资源，如薪酬、社交、荣誉等资源，涵盖财务、物质保障和心理疏导等，其基本特征主要包括酒店组织政策和制度、酒店组织文化、酒店组织目标、酒店组织价值观等方面。

然而，从酒店员工个体满足酒店组织要求的角度看待要求–能力匹配，酒店员工个体的基本特征包括：员工个性、个人目标、个体价值观以及工作态度等酒店组织所要求的能力，即 KSAs：Knowledge（知识）、Skills（技能）、Abilities（才干）。酒店员工个体为完成任务而付出时间、能力、承诺、努力、经历、工作经验、承诺等资源以满足酒店组织要求。所以，酒店组织与员工个体二者间的基本特征的兼容并存，形成了酒店员工–组织的匹配。

二、酒店员工–组织匹配相关的实证研究

酒店业管理实践者和学者们对人–环境匹配（P-E Fit）的概念表示出越来越大的兴趣。通过对近十年的文献回顾，笔者发现酒店行业的研究主要集中在员工个体、工作群体及酒店组织等其他因素对员工个体或酒店组织行为的影响方面（Karatepe and Kaviti, 2016; Choi et al., 2017; Madera et al., 2017; Lam et al., 2018）。叶泽川（1999）最早将人–组织匹配理论引入中国。酒店员工–组织匹配研究是一个成长中的新兴领域，国内学者对于酒店员工–组织匹配的研究现仍处于起步阶段。

鉴于已讨论过的酒店员工–组织匹配形成过程中出现的多样性和复杂性，学者们并非单一地使用结构化的量表和测量方法，定性的深度访谈及科学实验法亦被用于酒店员工–组织匹配的研究。Tims、Derks 和 Bakker（2016）通过电子邮件和电话访谈的形式对荷兰各公司员工设计了三轮数据收集（每一轮数据收集之间有一周的时间间隔）。该研究通过记录参与者被要求在工作周结束时完成调查资料来研究员工–工作匹配的各个方面。

Young 和 Steelman（2016）使用在线数据采集与深度访谈相结合的方法来收集数据，对受访者在两个时间节点内展开三个月的追踪研究。该项目的测试参与者分布于美国教育业、金融服务/保险业、医疗服务业、制造业、零售业、政府和计算器/数据处理等各类行业，同属服务于亚马逊机器人

（MTurk）的人工智能员工团队。通过了解被测试者所报告的个人因素（自觉人格）和环境因素（回馈环境），研究工作自主性的影响行为因素。此外，实验抽样（ESM）、跨文化研究、独立抽样等方法亦有不同程度的运用（Tepeci and Bartlett, 2002; Lam and Chen, 2012; 赵卫东、吴继红、王颖, 2012; Memon et al., 2014; Peng and Mao, 2015; Choi, Tran, and Kang, 2017; Downes et al., 2017）。有关酒店员工－组织匹配相关的研究成果，本书撷取具有代表性的观点整理如下：

表1 酒店员工－组织匹配的相关研究

作者 （年份）	研究对象	方法与抽样	主要结论
Tepeci 和 Bartlett （2002）	182名初级和高级酒店管理专业学生	深度访谈、结构式问卷	评估饭店组织文化与员工个人价值观匹配及两者（员工－组织匹配）对员工工作满意度和行为意向的影响。因变量：(1)工作满意度；(2)离职意向；(3)愿意推荐他们的组织作为一个好的工作场所。独立变量：组织文化、个人价值观［组织价值观（感知文化）、个人价值观（优选文化）］的维度通过对调查的因变量分析反应来评估。检验独立变量与依赖变量之间的关系。个人－组织匹配可以解释显著的结果差异。考虑影响评估和加强酒店组织中的人与组织匹配
章勇刚（2004）	青岛海景花园酒店144名员工	结构式问卷、结构化测量	员工个人的综合技能与工作任务要求相匹配；员工个性、价值观和组织文化（HICP）相匹配。酒店员工－组织价值观匹配对员工行为及工作满意度具有积极的影响
李海燕（2011）	长沙各酒店412名员工	随机抽样、结构式问卷	个人－组织价值观匹配度对员工忠诚度有较好的预测能力。酒店员工年龄、职位、年资对酒店员工的个人－组织价值观匹配度与忠诚度匹配方面存在显著差异
卢竹（2014）	长沙各酒店368名员工	结构式问卷	员工与酒店组织的匹配度和员工工作绩效关联程度较高，酒店员工的需求－供给匹配、价值观匹配、要求－能力匹配对酒店员工的工作绩效（任务绩效、周边绩效）起调节作用

续 表

作者（年份）	研究对象	方法与抽样	主要结论
Madera、Dawson 和 Neal（2016）	1132名酒店经理与2159名旅游专业学生	实验法	在实验对象之间作随机参与多样性管理（投资或不投资）的实验设计，检验组织吸引力和员工－组织匹配（P-O Fit）是否受到旅宿业投资多元化管理的影响。实验参与者被要求阅读包括公司的操纵性描述和关于旅宿业公司投资多样性管理。员工个体会评估公司或行业的属性是否与他们自己的个人特征（匹配感知）相符。员工－组织匹配指导企业在多样性管理和组织吸引力间的投资关系
Tims、Derks 和 Bakker（2016）	荷兰公司雇员	实验法、电话访谈、邮件回访	基于要求－能力匹配（Demand-Ability Fit, D-A Fit）、需求－供给匹配（Need-Supplies Fit, N-S Fit）的角度，对工作重塑和与人－工作匹配和意义的关系研究展开三波设计。员工主动进行工作重塑，增加自己的工作资源和提出具有挑战性的工作要求，通过降低其阻碍，实现更高水平的员工－工作匹配
Downes 等（2016）	行政雇员	实地观察、深度访谈	通过探讨自我协调理论（SCT）的目标特定效能与员工－组织匹配（P-O Fit）感知的两种机制之间的相互作用，调适自主目标和控制目标动机、目标成就和工作满意度等影响机制。自主动机与目标特异性效能感和知觉匹配度呈正相关，对目标成就感和其他工作满意度有间接影响，受控动机与同一中介机构和结果呈负相关
张盼盼（2017）	酒店460名一线员工	结构方程模型	酒店员工的年龄、学历、所在部门和企业性质对价值观匹配、组织信任和组织公民行为有差异化的影响；参数（酒店员工个人与组织在顾客取向、员工团队取向、绩效取向方面的价值观匹配）对因变量（员工组织公民行为）有显著的正向影响；中介变量（酒店员工对组织的信任感知）在价值观匹配对员工组织公民行为的影响中起部分中介作用
Choi、Kim 和 McGinley（2017）	韩国的餐馆业252名移民劳工	实地调研、电话访谈、非结构式问卷、结构方程	酒店内的人员配置、人员监督、人员配备和员工－组织匹配（员工－上司匹配，员工－群体匹配和员工－工作匹配）对移民劳工的工作调整和工作满意度都有显著的影响，进而影响移民劳工的离职倾向

续 表

作者 （年份）	研究 对象	方法与 抽样	主要结论
刘岩玲、 罗忠恒（2017）	酒店215名一线员工	便利抽样	以酒店个人-组织价值观匹配为参数，员工对酒店的情感性归属感为中介变量，员工的工作积极性为因变量，检测员工个人与组织价值观匹配程度对员工工作积极性的影响程度。酒店员工个人-组织价值观匹配（情感性归属感）对员工的工作态度、工作积极性的中介作用。酒店员工个人与组织价值观匹配对员工的态度、行为具有积极的影响，进而影响员工的工作绩效
Lam、Huo和Chen（2018）	263名雇员与690名顾客	非结构式问卷	基于互惠原则，在对服务交互质量和顾客满意度交互的过程中，员工-工作匹配（Employee-Job Fit，E-J Fit）以及员工-组织匹配（Employee-Organization Fit）促进了个体和工作的交换。酒店员工的情绪劳动和客户服务表现，对于员工联系客户这一服务交付过程、服务补救和客户关系的努力至关重要

资料来源：本书根据文献整理。

通过对当前研究成果的梳理，酒店员工-组织匹配与其他变量间的相关关系大致划分为两大类：一类是员工-组织匹配与雇佣过程之间的相关关系；另一类则是员工-组织匹配对于组织行为变量的影响。酒店员工-组织匹配主要集中于酒店员工个人的目标、人格、特质、价值观及酒店组织文化、企业需求与组织规范的兼容性匹配与调适性匹配的相关程度。所以，具体的应用研究和实践往往较倾向于找出能反映酒店员工-组织匹配的核心概念和内容，以做解释和操作化实践。本书把酒店员工-组织匹配的相关影响因素归纳为以下两种类型：

（1）酒店员工-酒店组织的兼容性匹配

员工-组织匹配取决于他们特征的相似性、供给与需要的相互满足程度，这对后续相关咨询和辅导心理学的研究发展有巨大的影响（Chatman，1991；Cable and Judge，1994；Livingstone and Nelson，1994；Schneider，Goldstein，and Smith，1995；Werbel and Demarie，2001；Tepeci and Bartlett，2002；Ryan and Kristof，2003；Jansen and Kristof，2006；Brigham et al.，

2007; Jovičić et al., 2011; Memon, et al., 2014; Madera et al., 2016; Lee et al., 2017; Lam et al., 2018)。

在具体研究和实践当中, Muchinsky 和 Monahan (1987) 认为员工个体在人格、特质、目标、价值观以及工作态度等方面与组织中的其他成员或组织文化具有相似性。Schneider、Goldstein 和 Smith (1995) 认为只有当员工个人特征 (人格特质、目标、价值观、工作风格、工作态度等) 与组织特征相似时, 员工在进入组织后才更容易和新的组织环境与工作环境形成匹配, 从而进一步强化组织原有的特征。

赵卫东 (2013) 认为员工个体会选择能够达到其个人目标的组织, 反过来组织也会选择与其目标相近的个体。若不具有相似特征的员工进入组织, 最终会被组织淘汰或个人主动离职。基于价值观的根本性和相对持续性的特点 (Karatepe and Kaviti, 2016; Lam et al., 2018), 酒店员工 – 组织价值观的兼容性被认为是酒店员工 – 组织匹配的一个重要方面。不少学者以组织文化来定义酒店员工 – 组织匹配, 但组织文化是一个较为模糊的概念, 其核心是组织的价值观。个人目标与组织目标的相似性是显著的价值观匹配形式, 即测量个人目标与组织领导者和同伴目标的兼容性。

(2) 酒店员工 – 组织的适配性匹配

Caplan (1987) 认为除了相似性匹配外, 基于互补性匹配的需要, 员工个体拥有自身独特的资源, 并且能满足组织, 进而形成员工与组织的互补匹配。此操作定义源自工作适应理论, 并认为员工 – 组织匹配是员工个体特征与工作环境要求交互作用的结果。员工个体寻求并能与工作环境保持一致的过程被称为"工作适应"。个人与工作环境之间形成良好的匹配, 可提升员工的工作满意度和年资 (年资能表明更稳定、长期的员工与工作环境的一致性) (Cable and Judge, 1994, 1996; Cable and Derueds, 2002; 杨英, 2011; 张燕君, 2011)。

根据 Kristof (1996) 的观点, 员工个体个性与组织环境气氛的匹配可以作为解释补充上述观点。在员工与组织的兼容性匹配过程中, 员工个性的知觉判断的相似性是一个关键的参照点, 其次是人际间的吸引。Holland

(1997)研究指出,当员工个体个性的特征与其职业要求兼容时,其个人的职业生活是愉快的。Ryan 和 Kristof(2003)认为拥有相似个性的员工不仅可与其他人相互吸引,还可产生相似的行为方式。个性特征最接近行为,比价值观要更稳定。

本书将酒店员工-酒店组织的适配性匹配定义为员工个体的偏好或需要与组织系统和结构的相互适配性调节。该理论经常用于研究员工-职业匹配,能够很好地解释员工-组织的匹配。基于需求-供给匹配的角度看待组织满足个体需求,只有当酒店组织满足员工个体的需要和偏好时,才能出现员工与酒店组织间的匹配;而要求-能力匹配则是从员工个体满足酒店组织要求的角度看待酒店员工-酒店组织的适配性,认为只有当员工个体拥有酒店组织所要求的能力时,才会出现酒店员工与组织的匹配。基于对员工-组织匹配理论的推演,本书根据酒店各层级员工的分类构建酒店员工-组织匹配感知架构(图4)。

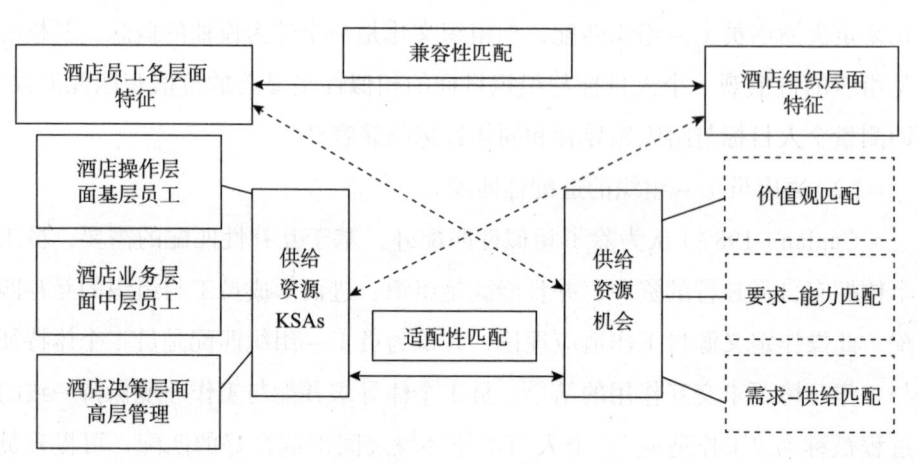

图 4　酒店员工-组织匹配感知示意图

上述酒店员工-组织匹配的操作性定义基于对倾向值(Propensity Score)匹配的操作。被研究的酒店员工个体在控制可观测到的混淆变量(Confounding Variables)的情况下,受到某种参数影响的条件概率,直接探索参数和因变量二者之间的净效果(Net Effects)。胡安宁(2012)认为将匹配倾向值分层(Stratification)以及细分(Sub-Classification),在每个层次以及所属的类别内去探索因果关系。倾向值匹配后的研究结果不仅能指出各变量之间的联系，还能够进一步确立二者之间的因果性。

在面对酒店员工-组织匹配存在的多混淆变量下的"多维"（Multiple Dimensional）问题时，倾向值匹配法将不再关注每个需要控制的混淆变量的具体取值，而是重点关注将这些变量纳入 Logistic 回归方程后再预测出倾向值的取值。这实际上是把对酒店员工-组织匹配多个混淆变量的控制，进一步地转换为对倾向值的控制，从而达到"降维"（Dimension Reduction）的目的，最后帮助研究得出因果性的结论。

三、酒店员工-组织匹配之测量构面（维度）

员工-组织匹配是人-环境匹配中非常重要的一部分。员工作为基本单元构成酒店组织，酒店组织由各员工个体组成。酒店业属于劳动密集型产业，通过人与人的接触与行为交互，为顾客提供以无形性产品服务为主的综合性酒店产品，使顾客感受到满足，从而创造效益。酒店组织也成为各员工个体工作、社交、学习与生活的场所。

酒店员工-组织匹配与环境匹配中其他不同层次（如工作匹配、群体匹配、职业匹配、人之间的匹配）相比，各层次匹配之间相互关联、相互作用，都可能产生不同的结果（Bretz and Judge, 1994; Holland, 1997; Brigham et al., 2007; 嵇婷婷、张博, 2012; Chen, Yen, and Tsai, 2014; 卢竹, 2014; Bavik, 2016; 刘岩玲、罗忠恒, 2017; Bui et al., 2017; 姜道奎、于梦晓、柏群, 2018）。本部分将对酒店员工-组织匹配各维度之间的关系的几个方面展开文献回顾。

（1）酒店员工-职业匹配（Hotel Employee-Vocation Fit）

酒店员工-职业匹配着重于个体与酒店内职业工作之间的兼容性，较为广泛地运用于酒店组织的研究领域，酒店员工与职业匹配变成了一个研究热点（Caplan, 1987; Bretz and Judge, 1994; Gustafson and Mumford, 1995; Holland, 1997; Feij et al., 1999; Lauver and Kristof, 2001; Shen and Luo, 2015）。

在员工决定进入酒店企业时，传统观念认为员工仅仅会关注自己的需求能否在本酒店组织里得到满足，如可否获得高薪、高职、更好的发展晋升机会或自己喜欢的工作环境等。酒店职业选择评估的结果，仅仅可作为酒店员工个体特质与酒店职业环境间的相似性条件匹配程度的参考建议，无法对员工与特定的酒店组织的适应性展开预测。尽管如此，在员工－职业匹配与员工－组织匹配概念的差别上，仍然有一些研究成果可供借鉴。有关酒店员工－职业匹配的研究成果，本书撷取具有代表性的观点整理如下：

表2　酒店员工－职业匹配的维度与测量汇总

作者（年份）	领域	内容
Holland（1997）	RIASEC 职业人格类型理论	每个人具有某种人格，每个职业也有合适的人格
Feij 等（1999）	工作适应理论	在教育水平相同的因素下，个体的职业兴趣和感知技能需求变化的决定因素、员工与职业兴趣和感知技能需求之间的一致性的发展
Jovičić 等（2011）	职业选择理论	酒店职业与员工是否匹配由个人的人格和酒店职业环境之间的评估决定
嵇婷婷、张博（2012）	员工－组织价值观匹配	员工除了关注物质需求的满足，也关注个人与企业组织在价值观、目标等深层次的企业文化方面的匹配，相近的价值观会让员工更认同该组织

资料来源：本书根据文献整理。

（2）酒店员工－工作匹配（Hotel Employee -Job Fit）

员工－工作匹配（Employee-Job Fit，E-J Fit）是员工个体（包括知识、能力、特长及兴趣）与具体工作（工作特性、工作要求）之间的兼容性匹配，意味着员工个体通过投入自身的知识和技能来满足工作要求（Judge and Ferris，1992；Tepeci and Bartlett，2002；Kreiner，Hollensbe，and Sheep，2006；Lu et al.，2013；Chen，Yen，and Tsai，2014；Lee and Ok，2015；Tims，Derks，and Bakker，2016；Venkatesh，Windeler，and Bartol，2017）。工作匹配被定义为个人必须具备完成雇佣方期望任务的特性（Memon，Salleh，and Baharom，2014；Peng and Mao，2015；Wu and Zhang，2017）。

酒店员工－工作匹配指个人与酒店工作的兼容性。员工从酒店工作中获取满足自身职业发展与需求的资源和支持,且员工个体所具备的知识和技能并不会因为投入工作而有什么损失(Lu et al.,2013)。酒店服务一线的职业特点是非结构化的工作、赋予员工一定范围的自由裁量权,这给酒店员工提供了定期调整工作边界和工作流程的机会(Jung and Yoon, 2014, 2016)。所以,酒店员工-工作匹配应被认为与其任务绩效相关,而不是仅与员工所工作的酒店组织有关。相关酒店员工-工作匹配的研究成果,本书撷取具有代表性的观点整理如下:

表3 酒店员工-工作匹配的维度与测量汇总

作者(年份)	领域	内容
Edward (1995)	工作匹配	员工个人能力和工作需要与工作属性的匹配:应聘者的知识、技能和能力是否能胜任工作要求;工作本身能否满足员工的需求与愿望
Kreiner、Hollensbe 和 Sheep (2006)	工作成果匹配	工作者任职年资、性别差异对工作的适应性,对员工-组织因素和员工-工作的工作结果(外在结果、社会效果、内在结果)的匹配影响
Lu 等 (2013)	工作投入关系工作	雇佣员工既从事体力劳动又从事关系工作的情境中,员工的工作适应性(工作重塑)改善工作不安全感,工作投入与需求的变化呈正相关
Chen、Yen 和 Tsai (2014)	工作投入	酒店工作机制与酒店员工自主性的工作投入能较好地预测酒店员工关系绩效和流动意图
Tims、Derks 和 Bakker (2016)	工作重塑	要求-能力匹配(Demand-Ability Fit, D-A Fit);需求-供给匹配(Need-Supplies Fit, N-S Fit)
Venkatesh、Windeler 和 Bartol (2017)	工作匹配	在进入组织后,员工性别和专业领域存在显著差异对不同工作成果的产生影响匹配

资料来源:本书根据文献整理。

对于员工-组织匹配和员工-工作匹配,一些学者们认为二者之间尽管有潜在的交迭,但不存在显著的相关关系。由于许多酒店工作要求可能反映了酒店组织的特性,员工个体在工作和组织层次上可以经历各种不同程度的匹配(O'Reilly et al., 1991; Dawson et al., 2011)。其在概念上与酒店工作环境存在差异。据此来看,员工-工作匹配(Employee-Job Fit)可能会对个体的组织认同感产生积极影响。

（3）酒店员工-他人匹配（Hotel Employee-Person Fit）

Jansen 和 Kristof（2006）针对工作情境中特殊的两个个体之间的兼容性，提出了员工-他人匹配（Employee-Person Fit），以人与人之间的合作作为中介作用因素，分析了工作制定和工作投入的相互作用（Chen et al., 2014）。员工-他人匹配的发展已经超出了主流的环境匹配文献。大量的学者基于酒店多种工作场景，探讨了人与人之间的互动作为一种情感激励机制的作用，研究的关注点在于员工自评工作投入、工作压力和上司的变革型领导能力，研究范围包括求职者-面试者、上司（监管）-下属、指导者-新来者等各种工作群体层之间的匹配。

目前，酒店员工-他人匹配领域研究最普遍的是上司-下属之间的匹配（Tepeci and Bartlett, 2002; Dawson et al., 2011; Lee and Ok, 2015; Karatepe and Kaviti, 2016; Schmitt, Hartog, and Belschak, 2016; Lee et al., 2017）。有关酒店员工-他人匹配的研究成果，本书撷取具有代表性的观点整理如下：

表4　酒店员工-他人匹配的维度与测量汇总

作者（年份）	领域	内容
Chen、Yen 和 Tsai（2014）	工作制定 工作投入	以人与人之间的合作作为中介作用因素，分析了工作制定和工作投入的相互作用。
Lee 和 Ok（2015）	创新行为 员工幸福感	包容性领导对员工幸福感和创新行为的影响。
Young 和 Steelman（2016）	工作投入	个人因素（自成目的人格）与两个环境因素（回馈环境、工作自主性）的互动状态。
Choi、Tran 和 Kang（2017）	工作满足	当上司与下属在偏好、性格特质、背景（包括年龄、性别、种族、最高学历）、解决问题的方式等方面类似时，双方的人际吸引力较大、互动的频率较高，会增强双方的工作满足感。
Bui、Zeng 和 Higgs（2017）	变革型领导 员工工作投入	员工对变革型领导和员工工作适应性的感知方式对工作投入的影响。

资料来源：本书根据文献整理。

总的来说，酒店行业、组织机构、工作群体、工作（职业）等各个方面既存在一定差异，又相互联系。所以，今后随着对于员工-组织匹配研究的深入，有关酒店组织的研究目标以及研究范畴不断细分，从之前学者们关注的酒店员工个体与工作层面的匹配将会逐渐发展到同时关注酒店员工个体与工作、组织机构、工作团队、服务对象等几个不同层面的匹配。

有关员工–组织匹配的因素很多，为本书提供了理论上的启示。但是，酒店员工–组织匹配不能被解释成各种要素的简单堆积，而是应该从酒店员工–组织匹配的构架与成因方面理顺逻辑关系。因此，本书仅研究酒店员工–组织匹配与工作绩效的影响机制，其他影响因素暂不纳入本书考虑范围。

（4）酒店员工–群体匹配（Hotel Employee-Group Fit）

酒店员工与群体相关的文献主要集中于团队组成（Team Composition）的研究，员工–群体之间的匹配被定义为个体与其工作群体之间的兼容性。酒店员工与群体匹配强调个体与团队群体中小部分成员的匹配。由于各酒店组织中存在着各种亚文化，酒店员工与群体匹配不能代表员工与组织的整体匹配，更不能完全地反映出酒店员工–组织匹配之间的长久性与稳定性。团队组成一直是酒店工作群体研究的主题之一，但仅有少量发表的研究探讨了特征上的匹配。

酒店工作群体的界定，可以从临时工作的小群体到组织确认的任何下属单位。例如，酒店内的任一个职能部门或者分布于各地的分公司，若希望达成高度的个人–群体匹配，则需要具备有效的团队构成和运行规则。在探讨酒店员工与群体个性特征匹配的相关研究中，学者们形成了异质性（Heterogeneous）与同构性（Homogeneous）的讨论。持异质性观点的学者认为，假如团队能够由不同能力与经验的成员构成，则该团队效能较高；而持同构性观点的学者认为，组织成员的价值观、目标一致的程度越高，其团队的工作绩效越佳（Barrick and Mount，1991；Tepeci and Bartlett，2002；Kristof，Barrick，and Steven，2005）。现有文献中，群体环境中同事之间的心理兼容性被视为影响团队效能的主要因素（Lee and Ok，2015；Lee et al.，2017）。有关酒店员工–群体匹配的研究成果，本书撷取具有代表性的观点整理如下：

表5　酒店员工－群体匹配的维度与测量汇总

作者（年份）	领域	内容
Werbel 和 Demarie（2001）	人际偏差行为	员工与同事在种族、年龄、人格上不相似时，对酒店组织的承诺较低、对同事满意度较低，会表现出酒店组织和人际的偏差行为
Schmitt、Hartog 和 Belschak（2016）	工作投入 工作压力 变革型领导	组织需要关注员工－同事群体关系，避免引起高压力。变革型领导情感激励员工的工作投入转变为积极主动的工作表现
Choi、Kim 和 McGinley（2017）	工作群体匹配	新的雇佣和直接的工作群体之间匹配的基础是获得一致性和互补性的员工与群体匹配
Madera、Dawson 和 Neal（2017）	多元化管理	酒店组织内管理者的心理差异、气候和公平的多元化管理对酒店员工的重要性

资料来源：本书根据文献整理。

综上所述，尽管有一些相关的研究分支，如团队文化、摩擦冲突、目标、价值观、人格个性的相关性会影响团队的行为与结果，但是却很少有学者去研究此类匹配类型的相关起源或结果。酒店员工－群体匹配在于观察酒店员工与其工作群体之间的兼容性，高水平的个人团队合作由有效团队背后的驱动原则组成，酒店组织内工作部门或团体可能有不同的行为规范与价值发现。所以，研究认为酒店员工个体与群体之间的匹配程度会影响基层员工的工作绩效。

四、小结

通过对员工－组织匹配的相关文献回顾，作者发现与国内研究相比，国外学者更加侧重于以实证研究的方式，对员工与其工作的组织之间的匹配展开观测。随着对员工－组织匹配广泛而深入地研究，研究内容涉及员工个体为实现组织目标所采取的行动或行为。实际上，就是反映了员工与组织匹配的相关影响因素。酒店员工－组织匹配作为一个成长中的新兴领域，国内学者对其的研究现仍处于起步阶段。本书将酒店内员工划分为：酒店决策层面高层员工——根据酒店发展阶段及实际情况制定适宜酒店发展的组织管理目标战略，提升酒店的整体绩效；酒店业务层面中层员工——明确规定部门宗旨、目标和绩程目标绩效策略，激励员工及团队的行为，提升部门的整体绩效成绩；酒店操作层面基层员工——以顾客为关注焦点，从酒店运营利益出发，制定与职能目标一致的个人目标、职责和工作计划。

本小结通过理论探讨的形式对酒店员工-组织匹配感知维度结构展开梳理。本书受到相关学者（O'Reilly and Chatman，1986；O'Reilly，Chatman，and Caldwell，1991；Bretz and Judge，1994；Jansen and Kristof，2006；Madera，Dawson，and Neal，2016）所提出的关于员工-组织匹配的三个构面（维度）的启示，根据Kristof（1996）员工-组织匹配（Employee-Organization Fit）整合模型推演，以理论的形式探讨酒店员工-组织匹配的框架与概念界定，并将酒店员工-组织匹配结构维度设置为员工的要求-能力匹配、需求-供给匹配、价值观匹配。酒店员工与酒店组织在行为交互作用下，当酒店组织满足了员工的需要（财政、物质保障、心理资源，以及职业发展机遇等方面）时，酒店基层员工的能力（知识、技能、目标、努力、承诺、经验等方面）能适应酒店组织的要求。酒店基层员工个体层面（酒店操作层面的基层员工）与酒店的行业、组织、群体、工作等各个方面，在与组织文化氛围、价值观、企业个性、工作目标、工作投入、工作满意度、工作行为等方面员工与酒店组织形成兼容性匹配与适配性匹配。

第三节 工作绩效

一、组织绩效的概念与研究发展历程

工作绩效（Work/Job Performance）的概念源于管理学，是组织行为学领域的研究热点。组织行为学中将绩效解释为效率、效能和效力三方面的整体表现，已有研究主要集中在以下两个方面：一是概念和结构，二是影响因素和评价。对工作绩效的研究虽然已近百年，但就现阶段对于工作绩效的研究而言，其在定义个体绩效方面标准繁多，至今尚无统一的标准，大部分是按照行为或结果来展开定义（Patsfall and Feimer，1985；Dawis，1992；

Walumbwa and Hartnell，1996；Song，Yang，and Wu，2011；Karatepe，2013；Lai and Hitchcock，2016；Wu and Zhang，2017；Lam，Huo，and Chen，2018）。

在组织行为上，工作绩效指对特定工作目标达成程度的衡量，即员工个人的效率（Efficiency）、效力（Efficacy）、效能（Effectiveness）三方面总体的表现。因研究对象的背景及工作绩效分类存在许多不同的界定，工作绩效的因素亦有所不同，但其在概念上有许多相似的地方。通过对研究者们研究成果的梳理，大致可以分为工作绩效结果观、工作绩效行为观与工作绩效综合观，本书将相关的研究成果归纳如下：

表6 工作绩效的相关定义

类型	作者（年份）	定义
工作绩效结果观	Münsterberg（1908）	工作绩效定义为与工作任务直接有关的绩效
	Patsfall 和 Feimer（1985）	组织为了实现其目标，通过有效整合资源等方法得到有效结果，期望员工完成工作的程度并得到的产出。工作绩效是某种行为达成目标的程度
	Bosma 等（2004）	强调绩效即结果，员工在特定时间范围内，完成工作职能、活动与行为上产出的结果记录，是对工作中实际产出结果的反映
	Karatepe（2013）	工作绩效和组织目标密切相关，工作说明书中明确规定的任务完成情况。工作绩效是在特定的时间里，员工通过一定的职能活动所产生结果的输出记录
工作绩效行为观	Katz 和 Kahn（1978）	员工行为是组织内行为、留任行为和组织外行为，在某一特定期间内完成工作时影响其所实现的员工绩效。实现组织绩效可帮助员工提升工作积极性，进而提高个人工作绩效
	Jensen 和 Murphy（1990）	绩效是"为一系列和组织或组织单位的目标等相关的行为，组织单位构成了个人工作的环境"
	Campbell（1993）	绩效与行为密切联系，个体绩效是员工个人所能控制，并与组织目标相关的行为的结果。提出了工作绩效构成的八因素模型
	Borman 和 Motowidlo（1993）	个人工作绩效关注于个体层面，相比任务绩效完成的强制性，周边绩效有利于组织营造良好的心理和社会环境（额外工作、人际关系、说明他人等），有利于组织整体任务的达成
	Salanova、Agut 和 Peiró（2005）	除了工作行为及其结果外，工作绩效是员工的工作能力和态度与组织目标员工掌握的行为控制权。员工个体对酒店组织目标的实现与顾客忠诚度有预测效应

续表

类型	作者（年份）	定义
工作绩效综合观	Woodruffe（1993）	工作绩效包括行为、结果和能力三个方面，并认为行为的有效执行及结果的圆满实现均离不开员工能力的不断提高
	Walumbwa 和 Hartnell（1996）	工作绩效包含组织整体绩效和员工个人绩效两方面，绩效从个体、团体、组织三个层面上观察工作中产出的数量、质量以及工作努力的程度
	Mostafa 和 William（2013）	员工在组织匹配的过程中可以通过态度、行为及结果三项指标来衡量工作绩效
	Rotundo 和 Sackett（2002）	任务绩效是参与产品制作和服务提供过程的一系列行为
	关仲平（2016）	企业制订年度目标计划使用综合的评估方法。关键绩效指标（KPI）是衡量管理工作成效最重要的绩效指标

资料来源：本书根据文献整理。

通过研究工作绩效概念多种分类方法的发展变化，笔者发现很多管理实践和研究都以绩效作为主要目标和结果变量。早期的研究把工作绩效作为工作产出、表现、成果、成就的同义词。持工作绩效结果观的学者们基于对过去事实的判断，观测员工过去的工作表现的考核，强调员工为企业做了什么；持工作绩效行为观的学者们将绩效视为某种结果，通常将其看作有效的或功能性的行为，对绩效结果的判断存在好坏之分；持工作绩效综合观的学者们指出，工作绩效不仅包含员工工作行为（关注员工为企业做了什么），还关注员工工作行为产生的结果（关注员工是如何做的），这属于较为全面的观点。

二、工作绩效相关的实证研究

随着学者们对企业绩效研究的不断发展与延伸，酒店绩效也逐渐成为研究热点。Walumbwa 和 Hartnell（1996）认为员工工作绩效直接影响企业酒店组织的整体效益和效率。Salanova、Agut 和 Peiró（2005）认为酒店服务环境中的感知服务质量（价值、口碑）对酒店美誉度的提升非常重要，以至于酒店组织无不致力于研究各种途径以提高员工的工作绩效，这也是酒店在制定相应的运营管理或者其他策略时，往往以员工如何实现组织绩效为目标的原因（Karatepe，2013；Luo et al.，2016）。KPI 绩效指标管理已成为中国大多数酒店采用的员工绩效管理体系。Lam、Huo 和 Chen（2018）认为酒店员工的工作绩效体现为与酒店组织需求匹配且训练有素的员工提供最到位的服务，按照设计出的酒店产品，更迅捷地招揽顾客。Lee 和 Ok（2015）根据酒店企业经营成功是基于对人力资源的有效利用的研究，认为改善员工的工作绩效是酒店企业人力资源管理的重中之重。

酒店行业是劳动密集型行业，酒店的服务运营绩效取决于员工们提供的服务和对服务质量的掌控。酒店员工的绩效表现是客户满意度的重要驱动因素（Li，Wong，and Kim，2016）。随着对工作绩效的进一步研究，酒店业内展开了在酒店工作情景下，感知服务质量（价值、口碑）、员工工作投入、员工绩效与顾客忠诚度的关系的讨论。关于工作绩效的研究成果，本书撷取部分相关的结论整理如下：

表7 工作绩效的相关实证研究

作者（年份）	研究对象	方法与抽样	主要结论
Salanova 和 Peiró（2005）	114家餐旅企业的342名酒店员工与1140名顾客	结构方程模型	以酒店（组织资源）服务氛围内员绩效（工作投入）为中介对顾客忠诚度展开预测。包括所有九个综合研究变量：培训、自主、技术、活力、奉献、吸收、服务氛围、绩效和忠诚度，模型中的因变量和工作单元（酒店或餐厅）的类型作为因素。证实了在酒店员工对顾客的交互服务感知过程中，员工的工作投入与服务氛围、组织资源与服务氛围正相关。员工培训和员工自治与忠诚度、服务氛围和活力与绩效显著相关
Karatepe（2013）	伊朗酒店174名全职前线员工	结构方程模型	工作社会支持（WSS）增加了员工的工作投入（JE），证实员工与主管和同事建立信任和质量关系的员工会获得情感支持和工具帮助；对员工工作投入的影响比对员工高绩效工作实践的影响更强。员工工作投入是员工高绩效工作实践与工作社会支持和营业额意图（TI）之间关系的完全中介变量

续 表

作者（年份）	研究对象	方法与抽样	主要结论
Chen、Yen 和 Tsai（2014）	台湾的全职前线酒店员工	结构方程模型	酒店工作设计领域的工作制定已从领导发起的方式转变为员工发起的方式。该研究检验酒店工作制定、人员工作适应性和工作投入之间的关系。酒店员工工作适应性与工作投入、角色绩效呈正相关，协同工作与工作满意度、组织承诺呈正相关。工作制定对个体、协作工作制和工作参与之间关系的中介作用。这一研究解释了员工个人和协作工作在工作中的参与程度
Sucher 和 Cheung（2015）	泰国六家跨国酒店的738名员工	结构方程模型	多元文化劳动力成为国际招待的主要资源，酒店员工的跨文化能力与跨国酒店公司的团队绩效随着工作环境而动态变化。该研究将跨文化能力设为多文化团队绩效的参数，因变量团队绩效基于团队合作，与团队成员相互依赖
Paek 等（2015）	韩国首尔15家五星级酒店的312名员工	结构方程模型	在劳动密集型服务行业中，员工是产品中特别重要的一部分，工作投入被视为心理资本（PsyCap）对员工士气影响的部分调解，并构成服务体验的核心。高度积极和敬业的员工对服务组织和企业的成功至关重要。一线员工以较高的心理资本与工作投入更容易显示工作满意度和情感承诺。一个月的时滞设计（时间1：PsyCap和工作参与；时间2：员工士气）被用来减少潜在的常见方法偏差
Bui、Zeng 和 Higgs（2017）	中国691名全职员工	结构方程模型	变革型领导对员工投入（三维：活力、奉献精神和吸收）有显著影响。员工的年龄、职位和工作经历与工作适应显著相关
Lee 等（2017）	韩国豪华酒店餐厅的270名员工	结构方程模型	酒店员工-组织匹配时，酒店员工对组织、团队和工作的积极情绪更高。酒店员工积极的工作情绪会调节环境（酒店工作环境、服务环境）和人（同事、上司），对自我评价绩效有显著的直接影响。在人-组织匹配、自评绩效与团队情绪的关系中，组织情绪在人-组织匹配与上司绩效的关系中可以被视为中介

资料来源：本书根据文献整理。

三、工作绩效之测量构面（维度）

（一）工作绩效的相关影响因素

关于工作绩效的影响因素，国内外学者们采用各类方法展开的多项研究表明，员工个体的工作绩效受到个体因素（如员工人口统计学变量、个性、偏好等因素）、任务因素与环境因素三方的共同影响。

（1）个体因素

Scotter 和 Motowidlo（1996）认为，员工个人能力（认知能力、认知速度、心理承受能力、情绪感知、工作胜任力等）与任务绩效相比，员工个人能力对周边绩效具有更强烈的作用。Lee 和 Miller（1999）就员工个人的先天因素而论，认为员工的人格特质、责任感、成就（目标）动机、风险偏好、认知方式（程度）与其绩效密切相关。Cadsby、Song 和 Tapon（2007）认为在激励机制下，风险厌恶者的绩效提升的幅度不大。但是，员工后天因素（如工作态度、知识、经验和技能、学习能力、认知方式等因素）会对工作绩效产生强烈的作用。Lee 等（2017）认为酒店员工不仅需要具备酒店所需的工作技能（KSAs），还会受到酒店工作伴随的压力（如任务、同事/主管和组织），所以酒店员工的工作奉献情绪会调节工作环境和个人之间的匹配。

（2）任务因素

基于社会交换理论，员工的工作满意度、工作投入、工作胜任力等前因变量对工作绩效产生显著影响，并把工作绩效划分为生存性绩效（任务绩效与周边绩效）和发展性绩效（学习绩效与创新绩效）。企业高层管理人员的薪酬公平性与酒店企业的绩效显著相关（Parsell Gatewood, Watts, and Streckfus, 1998）。更高的激励性制度（相对于固定工资制、计件工资制）对于提升工作绩效有着更高的激励效用，能提高员工的努力程度。员工业绩的下降幅度则会因其在绩效工资方面受到的不公平待遇而更明显（Greenberg et al., 2003）。有效的激励不仅可显著提高员工的敬业程度与工作投入，还可以降低员工的缺勤率与离职率，从而提升酒店员工工作绩效（Paek et al., 2015）。

（3）环境因素

酒店组织文化、个人价值观及员工-组织匹配对酒店员工工作满意度和行为意向有显著影响（Tepeci and Bartlett, 2002）。公平的组织环境下，员工绩效会更高（Aryee, Chen and Budhwar, 2004），该理论在实证检验中得到了支持。组织环境包括组织承诺、组织或上司支持、上司授权、酒店员工心理资本、工作环境与工作条件、薪酬公平感、组织氛围以及公司文化等因素（Salanova et al., 2005；张勉、李海, 2007）。此外，一些学者对个人与环境的互动因素（员工自身、工作本身以及组织环境等）与工作绩效的关系展开了研究，发现上述任意单方面的变量因素并不对员工的工作绩效构成显著的影响，而是作为一个整体系统对工作绩效发挥作用（Paek et al., 2015）。酒店组织与员工匹配、组织气氛、员工关系对员工生产率有影响（Lee et al., 2017）。

（二）工作绩效的结构（维度）

对工作绩效的结构（维度）展开探究性分析，属于对有价值的组织行为展开类别化的探讨研究。早期工业心理学家把工作绩效视为围绕工作任务而展开的绩效考核的单维结构，把与工作任务直接相关的绩效定义为工作绩效。自20世纪70年代开始，研究者意识到绩效的概念并非是单维的，并开始探究工作绩效的多维度，这既包括工作行为的结果，也包括工作行为的过程。根据研究对象、组织目标与组织结构等内涵的差异，研究实证分析不同的问题，工作绩效的结构和维度通常也不同。通过对文献梳理与分析，本书撷取工作绩效的结构（维度）的相关观点归纳以下：

表8　工作绩效的维度与测量汇总

作者（年份）	维度	内容
Katz 和 Kahn（1978）	三维	工作绩效最基本的框架：留任行为（Joining and Staying），员工加入并留在组织内部；角色内行为（In Role Behavior），企业通常以正式的明文规定为主，并据此规定对员工展开考核，判断员工是否达到或超越组织所规定的绩效标准；角色外行为（Extra Role Behavior），员工自发地从事超越组织规定的活动，如维护组织的名声和荣誉、主动说明组织成员，类似于组织公民行为
Borman 和 Motowidlo（1993）	二维	工作绩效划分为任务绩效与周边绩效。任务绩效为完成组织规定的任务的行为或与特定的工作熟练程度有关的行为；周边绩效是角色外的绩效，指员工为顺利完成任务绩效，而主动作出超出职位说明书中规定的个人自发行为或非职位角色行为

续表

作者（年份）	维度	内容
Campbell（1993）	八维	工作绩效：努力、自律、团队合作、沟通能力、本职与非本职工作的熟练程度、管理与执行力及领导与监督
Scotter 和 Motowidlo（1996）	三维	工作绩效拓展成三个维度：人际促进（Interpersonal Facilitation）、任务绩效（Task Performance）以及工作奉献（Job Dedication）。人际促进是员工对组织内人际关系有着积极的促进作用，能够改善人际关系，促进工作的高质量完成；工作奉献是围绕自律行为对规章制度的严格遵守。这能促使大家改善组织绩效，提升工作水平
Parsell 等（1998）	四维	工作绩效划分为人力资源数据、生产性数据、训练有效性与判断性指标
周曙东（2011）	三维	环境绩效、财务绩效、运营绩效

资料来源：本书根据文献整理。

纵观工作绩效维度研究的发展变化，工作绩效经历了由单维研究向多维化研究发展的过程，并将工作环境的变动考虑其中，属于该研究领域的一大重要进展。工作绩效多维化构建的每一维度都与组织成功的不同侧面呈相关关系。例如，虽然酒店组织的薪酬政策有相应的规定与指导方针，酒店管理者在确定具体岗位的薪酬结构上也掌握一定的灵活性，但是仍缺少对酒店员工－组织匹配中的工作绩效的界定。Scotter 和 Motowidlo（1996）在任务绩效和周边绩效的基础上，把周边绩效进一步划分为人际促进（Interpersonal Facilitation）以及工作奉献（Job Dedication），其创建的人际促进、任务绩效（Task Performance）以及工作奉献三维工作绩效模型被众多学者接受与应用。

人际促进指员工为顺利完成任务绩效改善人际关系，员工对其所在的组织内人际关系起到积极促进作用，并使其往更好的方向发展。为促进工作的高质量完成，员工主动自发作出超出职位说明书中规定的非职位角色行为。尽管人际促进无法体现出对组织运营核心技术的直接贡献，但就酒店组织氛围以及员工心理环境背景而言，人际促进是不可或缺的重要因素，不仅有助于加强酒店组织内部联系，进而改善酒店组织内的工作氛围，而且有助于完成酒店的工作任务，提升酒店组织绩效。任务绩效对酒店员工职责内的行为有具体的规定，即为完成组织规定的任务的行为以及特定的工作熟练程度相关的行为。工作奉献是围绕酒店员工的自律行为及对酒店规章制度的严格遵守，是工作绩效的动机基础。

四、小结

酒店员工-组织匹配问题是目前我国大多数酒店人力资源工作面临的重要问题。酒店员工与酒店组织之间的匹配程度会影响员工的个人态度及行为，进而对酒店的组织绩效产生极大的影响（王萍，2007；Bui et al.，2017）。鉴于这些问题，酒店业管理实践者和学者们意识到如何将员工与最合适的组织环境相匹配是组织成功的关键。与国内学者研究相比，国外学者对工作绩效的研究更加侧重于实证研究，而不太注重工作绩效的内涵解释和概念界定，且研究内容广泛而深入，涉及酒店员工个体为实现酒店组织目标所采取的行动，并且对其成效作出评价。

早期的工业心理学家对工作绩效的研究发现结果激励对生产为主的制造型企业员工的工作绩效具有重要意义。但是，对于服务型、创新型企业员工来说，如果只对其工作结果进行衡量则会出现不可避免的局限性。酒店服务款待业若过分强调员工的工作结果，则很容易导致其酒店员工在工作中的短视行为，以及对一些酒店组织十分关键的情景和行为过程因素的忽视，反而不利于员工工作绩效的提高。

基于一般背景下关乎酒店组织目标的工作行为所涉及的多种类型，工作绩效由员工的工作态度、工作能力、工作行为与结果等一系列因素构成。该研究思路丰富了酒店工作绩效的内涵并有效拓展了其外延。与大多数行业不同的是，酒店员工提供服务的方式不仅是服务本身。作为工作绩效的体现，客户对产品的整体感受或购买"体验"至关重要（Dawson et al.，2011；Yang，Cheung, and Fang，2015）。鉴于员工的工作过程与结果融合，工作绩效应该涵盖员工的工作能力、态度和行为方式。因此，本书把工作绩效划分为人际促进、任务绩效以及工作奉献三个维度。

第四节 组织认同

组织认同(Organizational Identification)的内涵结构是在社会认同(Social Identity)与文化认同(Cultural Identity)研究的基础上发展的一个细化领域,关注个体对组织的成员身份、价值观和情感维系方面的认知以及对群体形成的归属感(Sense of Belonging)和个体自身的内心承诺(Commitment),属于对自身文化属性和社会心理保持与创新的过程。

西方学者对组织认同的正式研究大约始于20世纪50年代,Foote(1951)提出了认同基于个人个体与其他个人、群体关系的区别和对自身定义的程度,开启了认同领域的研究先河。以Tajfel(1982)为代表的欧洲社会心理学家,则将同一性的研究从个体化层次转向了团体层次。组织认同说明成员形成自我概念和自我归类,回答了"我们是谁?""我们象征着什么?"等问题,逐渐成为当前组织行为学研究领域的热点话题(Ashforth and Mael,1989;Golden and Rao,1997;徐玮伶、郑伯埙,2003;魏钧、陈中原、张勉,2007;Lu et al.,2016)。

一、组织认同的概念与研究发展历程

关于组织认同的研究,不同领域的学者对"认同"的定义有不同的见解。March和Simon(1958)基于组织理论研究框架提出组织认同的概念。组织认同强调的是组织成员在组织中的感受。Eisenberger、Huntington和Hutchison(1986)将社会交换理论(Social Exchange Theory)引入组织管理领域的研究,认为员工个体会将组织拟人化后,自己建立起一种交换关系。

Mael和Ashforth(1992)最早把社会认同理论及自我分类理论系统地引入组织行为的心理学研究中,并认为社会认同是社会中的个体将自己定义为某种社会类型的成员,并且将该社会类型的典型特征归结于自身的自我心理表现与过程。组织认同形成的条件基于个体对组织的信念与自身的身份认同的整合(Pratt,1998)。个体将组织作为认同的载体,认同能为个体提供与组

织趋于一致的感受，进而可以为个体提供组织态度与行为的基础（王彦斌，2011）。

酒店行业员工的个人能力体现为对不同形式的知识的应用，员工的职业商（Intelligent Careers）反映员工对职业发展认知形式的应用："知道为什么（做）"涉及职业动机，"知道谁"涉及个人意义和身份认同与职业有关的网络和联系，"知道如何（做）"涉及与职业有关的技能和与工作有关的知识（Song, Yang, and Wu, 2011）。

（一）组织认同的定义与类型

研究学者们总结了组织认同的三类定义：(1)从社会学的研究角度出发，基于个体具有组织成员的身份而产生的一种自我定义，进而对该类成员身份在价值观层面上产生的一致的归属感（Tajfel, 1982）；(2)从情感的研究角度出发，成员出于对组织的预期与吸引，进而保持其在情感上的某种程度的自我定义（O'Reilly and Chatman, 1986）；(3)从认知的角度出发，组织认同是个体对组织成员的归属感（Belong）认知的过程，体现个人与组织之间一致（Congruence）的价值观（Ashforth and Mael, 1989）。定义(3)被组织认同研究人员广泛认可及采用。

随着对组织认同研究的深入，Downes等（2016）认为差异的产生形成认同，源于组织外部的压力，个体对于组织认同侧重于其角色与身份的定义，认同是排斥和包含的内在统一。在某个组织之内，尽管组织成员对组织产生认同感，但这并不意味着组织也认同了该个体成员。因此，如何去界定某一群体与其他群体之间的社会边界，成为组织认同至关重要的因素。

继社会同一性理论之后，社会心理学与组织行为学研究中出现了其他一些颇具影响力的理论，如自我范畴理论（Self-Categorization Theory）（Turner, 1986; Hogg and Terry, 2000）。关于组织认同的定义，本书归纳整理如下：

表9 组织认同的相关定义

作者（年份）	定义
Patchen（1970）	（1）成员感（Membership）是员工对于组织产生依赖的附属感与情感吸引，员工对成员关系的珍惜以及作为组织成员的骄傲。（2）忠诚度（Loyalty）是员工支持组织态度和行为，对组织基本目标充满热情。（3）相似性（Similarity）是与组织其他成员共享特征的感知。员工遵从共同价值观与目标，能以共同特征来表达认知的相似性
Tajfel（1982）	社会同一性理论（Social Identity Theory）认为组织认同是指个体由于具有某种成员身份对组织产生的价值和情绪。积极的社会同一性追求是群际冲突和歧视的根源所在
Cheney（1983）	个人认同组织以及社会场景中的其他元素，是个体将自身联系与社会情景元素的动态整合过程
O'Reilly 和 Chatman（1986）	组织认同基于与组织承诺及认同目标保持情感满意和自我定义关系的吸引和期望
Ashforth 和 Mael（1989）	个体将自己定义为归属于某种社会类型的成员的感知，并将该种类型的典型特征归结于自身的自我心理表现和过程
Walumbwa 和 Hartnell（1996）	员工对组织的认同（关系认同）和归属感（自我效能）与员工绩效在酒店服务环境中的体现
Gioia、Schultz 和 Corley（2000）	组织认同基于一种社会结构，特定受众设计了有一定持久性的"身份"，属于与组织一致的自我构念
Smidts、Pruyn 和 Riel（2001）	（1）认知：个人组织认同与组织的一致性；（2）情感：个人为组织感到自豪
杨宜音（2002）	社会生活中的两种认同需要：（1）自我认同通过寻找"我"与"我们"之间的差异获得；（2）社会认同通过寻找"我们"和"他们"之间的差异获得
徐玮伶、郑伯埙（2003）	个体寻找归属组织的过程，自我概念使组织识别特征发生连接，包括四种类型：不认同、中立认同、真正认同和分裂性认同
魏钧、陈中原、张勉（2007）	组织认同源自组织成员个体身份的自我概念，属于个体认知与内化组织价值观的结果，个体对于归属感、忠诚度与自豪感等方面流露出的情感依赖
王彦斌（2011）	组织认同是一个综合性概念，员工在心理及行为方面与其所在组织具有的一致性
陈雪钧、郑向敏（2015）	酒店员工的离职因素受到对酒店组织的认同感等多种因素的影响，具有群体性特征。职业发展空间、组织支持感是影响饭店核心员工留职的重要因素
Downes 等（2016）	员工在完成组织工作绩效时，通过对组织目标的协同一致，将自身特定目标效能与总体目标效能的调适，从而产生激励机制与目标成就，达到员工-组织匹配

续 表

作者（年份）	定义
Chan 等（2017）	员工在工作范围之外，对酒店组织产品和服务品牌的个人倡导正面积极的口碑行为（WOM）推动顾客的情绪。员工关注"我作为我们一部分"的基本概念（属于酒店组织感觉），将自己作为组织成员的认知纳入酒店组织的一般自我定义中的过程，员工努力实现这种感觉"成为更大的事物的一部分"代表酒店组织以积极的态度对待他人

资料来源：本书根据文献整理。

（二）组织认同的分类

在"最低限度群体"范式实验的基础上，Tajfel（1982）提出了社会同一性理论（Social Identity Theory），认为人们出于社会同一性的积极追求是群际冲突与歧视的根源。个体的社会同一性是个体对自身所属的某个团体的认知感受，往往伴随个体作为团体成员而突显的价值与情绪。Hochschild（1983）最早提出"情绪劳动"的概念。个人相信自身能力的认知与对组织内有价值成员的重要程度的感受，形成了组织的自尊（Organization-Based Self-Esteem, OBSE）。这一研究印证了员工作为组织特定成员的自我感知价值，可以作为潜在变量去更好地观测和预测员工与组织之间的相关行为（Pierce, Gardner, and Cummings, 1989）。

同时，该理论很好地印证了酒店员工对组织的认同（关系认同）和归属感（自我效能）与员工绩效在酒店服务环境中的体现（Walumbwa and Hartnell, 1996）。个人与他人或其他团队之间的行为、态度、表现模式互相关联。员工对组织的认同感越高，其个体行为越会有利于组织，并且员工的表现会出现去个人化（Depersonalization）的特点，员工个体会按照组织的价值观与目标来进行个人行为的调整（Hogg and Terry, 2000）。

当然，组织认同在形成的过程中，会有一些动态调整。个人在社会化的过程中，归属与认同于一个群体、国家或民族，进而形成了对群体、国家或者民族的认同。组织认同另一个显著的特征是多重性。组织认同不仅是组织的多重认同，而且包括标准的道德认同感与理性的经济认同感（Albert, Ashforth, and Dutton, 2000）。Grandey（2000）将情绪调节的理论用于解释情绪劳动的具体化概念，即员工为满足组织要求而对其自身情绪的感受与表现进行调节。Ryan和Kristof（2003）认为个体可能会与其他具有相似个性的人相互吸引，并对具有相似行为方式的人群展开了实证分析检验。研究表明个性特征比价值观要更稳定，并且与可观测到的行为最接近。员工特定目标效能决定总体目标效能的调适，从而产生激励机制与目标成就，实现员工-组织匹配（Downes et al.，2016）。

此外，酒店员工的组织认同与其所属的变革领导（Transformational Leadership）之间也存在相互作用（Chan et al.，2017）。酒店组织内管理者的心理差异和公平的多元化管理氛围对组织认同有重要作用（Madera，Dawson，and Neal，2017）。组织认同具有多重性与持久性两个主要特征。所谓的持久性是指个体成员不论是否身处于组织内部仍会保持着组织认同。所以在特定环境条件下，其中的一种组织认同形式会转变成为主要认同。

二、组织认同的相关实证研究

在管理实践中，组织认同的多重性还表现在其内部具有多个层面。Ashforth和Mael（1989）采取实证研究的方式，把组织认同作为单一且具有独立结构与内容的潜在变量，纳入组织行为学与社会心理学的研究范畴中。Sluss和Ashforth（2007）认为组织认同除了个人层面（Person-Based）与角色层面（Role-Based）外，还存在人际层面（Interpersonal Level），该认同层面被看作关系认同（Relational Identification）。

这一观点吸引了众多学者对于组织认同作为现代酒店业中人力资源管理应用研究的关注（Walumbwa and Hartnell，1996；王晶晶、郑向敏、陈宸，2015；Solnet and Paulsen，2008；Lu et al.，2016；谷慧敏、贾卉、赵亚星，2017；邹文篪、林晓松、朱景山，2017；Chan et al.，2017）。

在酒店工作群体的相互影响中产生的组织认同与酒店高度竞争气氛状态下的上司和下属的工作表现更是正相关（Li，Wong，and Kim，2016）。员工个体即便已离开原组织，但其组织认同仍会继续发挥作用，具体表现为组织成员情愿留在组织中延续组织认同。酒店接待业属于员工与顾客高频接触的服务行业，员工们不仅需要付出一定的脑力和体力劳动，经常进行人际互动，还必须对自身的情绪与表现作适当、适时的调整、控制和管理，尤其是"情感付出"。所以，酒店款待业中员工对顾客服务的整个过程充满了情绪劳动（Lam et al.，2018）。

酒店等服务款待型企业更多强调员工需要按照职业规范与企业所期待的方式对自身进行情绪的调节与行为的表达。当组织因素作为客观背景嵌入员工的情绪劳动中时，其对于每个员工都是相同的。但是，员工从组织环境对其个人的意义及价值影响的角度展开主观认知、判断与解释时，组织因素对员工个体行为影响的差异就产生了。关于组织认同的相关实证研究，本书撷取部分相关的结论整理如下：

表10　组织认同的相关研究

作者（年份）	研究对象	方法与抽样	主要结论
Mostafa 和 Williams（2013）	埃及卫生和高等教育部门671位专业人员	结构方程模型	员工－组织匹配（P-O Fit）机制与高绩效人力资源实践（High Performance HR Practices，HPHRP）、工作满意度和组织公民行为（OCB）正相关。自变量职业满意度和工作满意度与组织公民行为之间存在正相关关系，部分调节了因变量职业满意度和工作满意度与组织公民行为之间的关系
王晶晶、郑向敏、陈宸（2015）	中国东南沿海及中部的七家五星级酒店179名新生代员工	结构方程模型	"80后""90后"新生代员工已成为酒店业的主力军。新生代员工大多是基层员工，其对酒店的组织认同水平反映酒店工作归属感与忠诚度。由于新生代员工群体特性与样本抽样范围等因素，该项研究中新生代员工态度忠诚对行为忠诚没有显著的正向影响，这与学界普遍的研究结论相悖
Young 和 Steelman（2016）	参与亚马逊 Mechanical Turk 项目的测试者	适度调解框架模型问卷调查	在3个月之内的两个时间节点使用Web软件程序，对受访者作出两个不同的调查回馈，预测员工个人因素（自觉人格）和环境因素（回馈环境、工作自主性）相互作用及三个关键的心理状态。环境的回馈效应取决于工作自主性水平（自主性人格对工作投入意义和安全性的影响取决于自主性和回馈性环境的边界条件）

续表

作者（年份）	研究对象	方法与抽样	主要结论
Karatepe 和 Kaviti（2016）	迪拜国际五星级连锁酒店的一线员工和直属上司	结构方程模型	该研究以资源理论为指导，检验情绪耗竭是否是组织使命实现与离职意向、迟到态度、工作绩效和额外角色顾客服务等关键结果之间的中介变量。酒店员工组织忠诚感对其情绪耗竭与组织使命实现与离职意向、迟到态度、工作绩效和额外角色顾客服务等关键结果变量具显著影响
谷慧敏、贾卉、赵亚星（2017）	中国327名不同层级酒店员工	结构方程模型	基于中国情境中的酒店企业环境，研究组织认同与酒店企业社会责任和员工离职倾向的关系。酒店企业社会责任对员工离职倾向有显著负向影响，对员工组织认同有显著正向影响；组织认同与员工离职倾向存在显著负相关关系；组织认同在企业社会责任和离职倾向之间起到完全中介作用。研究完善了中国情境中酒店企业对员工的社会责任量表
邹文篪、林晓松、朱景山（2017）	12家澳门、珠海高星级酒店的一线管理者和员工	结构方程模型	通过服务型领导对酒店员工品牌公民行为影响的分析，把员工的组织认同和关系认同作为中介变量解释两者之间的内在作用机制，同时检验了权力距离氛围作为情境变量发挥的作用。服务型领导对员工的品牌公民行为具有显著的正向影响；员工的组织认同感与关系认同感在服务型领导和品牌公民行为的关系中发挥中介作用；权力距离氛围对服务型领导风格和组织认同、关系认同之间的关系发挥调节作用
Lee 等（2017）	韩国54家豪华餐厅的270名员工	结构方程模型	酒店员工在对自身的客户服务情绪的管理中，若认为自己与酒店匹配度高，则对酒店组织、团队和工作的积极情绪更高，这不仅体现在个人层面上（如工作），而且体现在群体层面上（如团队）。该研究验证了三种 P-E 适合类型能直接影响酒店员工对组织、团队与工作的积极情绪，P-E 适合维度对工作绩效有间接影响

资料来源：本书根据文献整理。

鉴于社会交换理论被用作预测人力资源管理（HRM）实践的三个结果的框架（员工承诺、员工激励和继续留在公司的愿望），在酒店员工–组织匹配对员工的工作绩效的影响机制中，组织认同对酒店员工的工作态度与行为表现以及结果均会产生显著影响。对于酒店员工而言，其是否认同组织以及认同的程度，会深刻地影响员工自身的态度和行为。酒店员工的工作态度对组织认同的维度细分、团队认同、员工的职业生涯认同及其工作满意度同样具有显著的影响作用。当酒店员工认为他们的能力和技能符合任务的要求时，他们会以更积极的情绪对待组织和工作。

从以上观点出发，本书形成了关于酒店员工－组织匹配对工作绩效的机制影响的探索思考，并沿着这一思路，理解员工－工作匹配（P-J Fit）感知的过程可以使酒店组织吸引更高水平的求职者，进而对他们所任职的酒店组织和工作持肯定态度。

三、组织认同之测量构面（维度）

组织认同可以作为组织目标与组织运营活动的中间媒介，个体成员对于组织所产生的认同能成为组织目标效力的动力，并进一步达成组织目标。组织行为领域中对员工的认知、态度以及行为的研究通常从"前因"（Antecedent，包括组织外部环境因素、组织内部环境因素、个体特征）对"后果"（Consequence，包括员工的认知、态度或行为带来的结果）的影响及影响过程入手（Gioia et al., 2000; Corley et al., 2006; Sluss and Ashforth, 2007）。

（一）组织认同的影响因素

基于社会认同理论对组织因素的层面进行分析，Ashforth 和 Mael（1989）归纳出组织认同的影响因素，具体可分为四大类：（1）该组织自身所享有的声誉；（2）该组织是否具有显著性；（3）该组织是否具有独特性；（4）该组织是否形成传统。凝聚力是酒店行业最重要的文化元素（O'Reilly et al., 1991）。员工－工作匹配阐明了员工个体与具体工作之间的兼容性，包括员工的能力、兴趣、特长与工作特性上的匹配。所以，组织认同不仅是企业竞争优势的重要预测变量，也是众多组织行为研究的前因变量与后续结果的重要变量。

由于组织中群体亚文化的存在，个人与群体之间的匹配强调的是个体与团队群体中小部分成员的匹配（Adkins, Russell, and Werbel, 1994）。个人与群体之间的匹配并不能代表个人与组织的整体匹配,更不能完全反映出员工-组织匹配的稳定性与长久性(Livingstone and Nelson,1994)。员工对组织的认同会受到其职业认同和工作自主性及其效能的正向影响,可以有效预测员工的合作意图、员工满意感、组织承诺(Paek et al.,2015;谷慧敏等,2017)、组织公民行为(Lu et al.,2016)等。

有学者将组织认同作为重要的中介变量,考察其对酒店员工的工作态度和行为表现的影响作用(王晶晶等,2015;邹文篪等,2017),把群体环境中同事之间的心理兼容性作为团队效能模型的主要因子。在与外部的激烈竞争中,组织团队的边界呈现出分明的状态,所强调的行事规则与组织价值观也愈加重视"我们"与"他们"的不同。在动态的变化中,组织成员之间更容易产生组织认同(Fisher and Wakefield,1998)。持异质性(Heterogeneous)观点的学者则认为,当团队由不同的能力层次与经验的成员组成时,该团队效能较高。

总体而言,组织认同对员工在酒店工作中的态度和行为以及结果均会产生显著的影响。酒店作为部门众多的组织,其各部门既独立运作又相互统合。酒店需要提供各种庞杂、琐细的服务产品,酒店工作设计呈现出高度专业化与细分化的特点。与其他的制造业组织或服务企业相比,酒店款待业的服务工作看似简单且技术含量不高,似乎只能满足顾客的基本需求,但员工们的酒店工作空间相对固定,为了提高酒店员工的效率,酒店强调标准化与流程化的操作。

酒店各部门的基层员工每天都需要做无数遍相同的动作。当酒店的客流量大时,酒店基层员工更要持续地进行单一、高强度的劳动。这些单调而重复的工作极易引起酒店基层员工的疲惫与烦躁,使酒店基层员工产生生理与心理的双重疲劳。对于酒店员工个人而言,能否对酒店组织形成认同及认同的程度都会对其态度与工作行为产生深刻的影响。酒店基层员工会把与自身条件特征相符的工作行为作为首选。酒店员工个人的组织认同感越强,该员工个人在酒店组织中的协作意识就越强,其离职倾向也会因此而减弱。

在工作行为方面的相关研究中,O'Reilly和Chatman(1986)的研究表明，员工的组织认同感的不断提升有利于提高该员工的工作参与度。在酒店行业里，领导力作为企业内部具有影响力的社会因素之一，酒店领导者所发挥出的积极作用往往能够减少酒店工作过程中的超长工作时间、季节性、高离职率等消极因素带来的不利影响（Kusluvan et al.，2010；Parris and Peachey，2013；Koyuncu，Burke，and Astakhova，2014）。在工作态度方面，员工对团队及其职业生涯的认同对其工作满意度同样有积极影响。齐善鸿（2017）认为，酒店员工的服务是酒店产品构成的一部分，酒店决定性的技术永远是人的心智，并且可以在酒店员工提供服务的同时被顾客观察到。

通常情况下，酒店组织成员如果拥有较强的组织认同感，酒店组织就会对其形成巨大的吸引力，酒店员工的协作意识就会更强。酒店内的组织成员向组织靠拢的意愿越强烈，员工自身的工作表现会越积极。并且，酒店员工对其他工作机会的识别度会降低，其离职倾向也随之而降低（Dawson et al.，2011；Lee and Ok，2015）。员工对酒店组织的认同程度会影响其离职倾向（Dawson et al.，2011）、组织公民行为（Lu et al.，2016）、心理契约，并影响酒店一线员工的服务行为。组织认同与绩效呈正相关（Walumbwa and Hartnell，1996）。

综上所述，尽管国内外学者们至今仍未就组织认同的定义形成一致的观点，但是在对以往的组织认同的来源研究方面达成了共识，认为组织认同是员工的自我概念与组织之间的一种关系，属于个体与组织互动的过程中所产生的心理知觉的概念，这涉及自我归属感（Self-Belonging）和自我概念（Self-Concept）。组织认同主要反映的是一种关系，涵盖对组织的认同情感与行为两大特性。组织认同是员工以自我为中心，对照员工自我的标准，对自我身份的寻求与确认，并从组织层面折射出员工的自我。对于员工而言，组织认同对员工的态度、行为及工作结果均会产生显著的影响。员工是否形成对组织的认同及认同的程度，都将会深刻地影响其态度与行为。

（二）组织认同的维度

组织认同的测量兴起于20世纪80年代，研究者陆续开发出了不同的测量工具用于实证研究，大部分采用量化的研究方法。组织认同的内涵和外延与文化（Culture）、理念（Idea）、价值（Value）等密切相关，须在不同文化的适用性中展开对组织认同量表的验证与考虑（魏钧、张勉、杨百寅，2008；王彦斌，2011）。典型的测量工具有：Cheney（1983）包含忠诚度、成员感知与相似性3个维度的组织认同问卷（OIQ）；Mael 与 Ashforth（1992）所开发的单维度的测量量表共有6个条目，结构简单明了，信度系数为0.87。后者被研究者大量应用于对组织认同的实证研究当中，研究验证也最为充分。

至今为止，对组织认同的维度划分一直存在着单维（Ashforth and Mael, 1992）和多维（Cheney, 1983；Kreiner, Hollensbe, and Sheep, 2006；王彦斌，2011）的讨论。当前对组织认同测量的研究以关注某种静态的"认同状态"为主，而忽略了"组织认同"的发展轨迹与过程，更缺乏类似对个体、社会及情景环境等因素如何影响员工组织认同的深入探讨（Patchen, 1970；Solnet and Paulsen, 2008）。通过对组织认同测量维度的研究综述回顾，本书撷取部分相关结论整理如下：

表11　组织认同维度与测量汇总

作者（年份）	维度	内容
Mael 和 Ashforth（1992）	单维	个体情绪与组织归属感的一致程度
Simon（1997）	二维	个体特性：担任年资、满意度等； 组织因素：组织形象、组织氛围、工作特性等
Albert、Ashforth 和 Dutton（2000）	三维	组织外部形象吸引力、组织认同、组织识别
Dick 等（2004）	四维	情感（Affective）、行动（Behavioural）、认知（Cognitive）、评价（Evaluative）
Kreiner、Hollensbe 和 Sheep（2006）	二维	环境因素：认同需求（Identity Demands）； 个人因素：认同压力（Identity Tensions）
Solnet 和 Paulsen（2008）	五维	酒店组织的服务氛围、员工归属感、组织绩效、服务时间长短、合作行为
王彦斌（2011）	三维	组织认同心理和组织认同行为（生存性、归属性和成功性）

资料来源：本书根据文献整理。

将组织认同作为具有独立内容的组织变量纳入社会心理学与组织行为学研究领域中，吸引了广大学者关注组织认同这一议题在现代酒店业中的重要性（Walumbwa and Hartnell，1996；Solnet，2006；王晶晶等，2015；Lu et al.，2016；谷慧敏等，2017；邹文篪等，2017；Chan et al.，2017）。目前，国内外学者仍未对组织认同的定义、维度划分与测量有统一并得以普遍应用的观点。但是在对以往的组织认同的来源研究方面达成了共识，认为组织认同是属于个体与组织互动的过程中所产生的心理知觉的概念，涉及自我归属感（Self-Belonging）和自我概念（Self-Concept）。

通过对前人的研究成果的梳理，本书所提到的组织认同概念源自 Mael 和 Ashforth（1989），具体将组织认同概念划分为四种类型：一是该组织自身所拥有的声誉；二是该组织是否具备显著性；三是该组织是否享有独特性；四是该组织是否能形成某些传统，其量表能否被行业广泛应用。尽管 Cheney（1983）组织认同量表的信息更为丰富且信度较高，但韩雪松（2007）认为该量表的题项中和组织承诺相关的内容占据了大部分，并且有许多缺失次序性且与组织认同方面无关的题项，结果导致该量表的区分效度与内容效度欠良好。Dick 等（2004）设计的组织认同量表包含了 30 个题项，不仅涉及认知和评价，而且涵盖了有关行为与情感等测量维度。

从内容上观察，组织公民行为与组织认同的行为维度具有相似之处。根据中国情境中员工组织认同的测量方法，王彦斌（2004）基于中国国企员工而设计开发的组织认同量表的三个维度（归属性、生存性、成功性）共 13 个题项。由于每个人不同的需求受到社会因素的影响，宝贡敏和徐碧祥（2006）认为对该量表维度之间的相互关系展开测量时，无法得到较为准确的结果，该量表更倾向于对组织承诺的测量。除了以上测量方法之外，相应的测量方法其实还有很多。

除了酒店员工对组织的积极情绪外，酒店员工 - 组织匹配还与其他情绪后果有关，这些情绪不仅体现在个人层面上（如工作），而且体现在群体层面上（如团队）。Jansen 和 Kristof（2006）基于工作情境中特殊的两个个体之间的兼容性，提出了员工 - 他人匹配（Employee-Person Fit）。这有利于更深入地探索酒店员工－组织匹配与酒店组织行为，以及当员工与酒店组织形成兼容性匹配与适配性匹配时，员工个体态度与行为两个层面对酒店工作绩效的互动性影响。就酒店员工而言，是否认同其所在组织及认同的程度，对其工作行为与态度都产生了深刻的影响。

酒店员工对其组织成员身份的自我构念存在于酒店组织的感知中。Mael和Ashforth（1989，1992）强调组织认同的整体性概况，把美国东北部的一所全男学院作为案例样本，从该学院的校友机构近2 000人中随机挑选了约700名校友，向他们发送电子邮件进行问卷调查，并回收有效问卷297份，随后对组织认同产生影响的几大因素进行了归纳，进而设计出单维度组织认同量表的6个条目。该组织认同量表内部一致性系数为0.87，被国内外学者广泛接受，验证也最为充分，且与本书视角接近。

本书在检测与开发酒店员工－组织匹配对酒店基层员工工作绩效的影响路径的整体调查问卷的过程中发现，Mael 和 Ashforth（1992）所设计的组织认同量表与本书的整体问卷的匹配程度最高，详见本书第三章预测试样本分析对于量表的信度检验。

四、小结

回顾组织认同的研究发现，早期的研究倾向于个体与组织趋于一致的感受，其直接影响是将社会认同定义为某种社会类型的成员，并且把这种类型的典型特征归于自己的自我心理表现和过程。自21世纪以来，学者们逐渐意识到组织认同这一议题及其在现代酒店业中的重要性，组织认同的研究成果大大丰富，组织认同的相关基础理论已较为成熟。在组织行为学领域，组织认同是常被引用的方法。

在组织认同的研究主体与研究主题方面，学者们普遍关注员工个体与组织的关系。因此，大量的实证研究集中在探讨组织认同因素对不同人群和不同组织场景类型的影响，其中组织认同可以作为组织目标和组织经营活动的中间媒介，成员个体对组织产生认同能成为其完成组织目标效力的动力并达成组织目标。组织行为领域中对员工的认知、态度或行为的研究尤为突出。

现阶段的组织认同研究，除了关注社会人口因素外，逐渐更重视在广泛的社会结构和社会群体、环境与文化等多样化背景基础上，进行创新性实证研究。尽管不少学者早已意识到酒店员工的组织认同与组织忠诚度、离职倾向、组织承诺、组织归属感等密切相关，但从酒店员工－组织匹配层面对工作绩效影响进行研究的成果尚不丰富。这可能是因为酒店员工与其组织因素的构成与影响因素更为复杂。

随着组织认同测量的实证研究的进一步发展，组织认同被纳入社会心理学和组织行为学研究的范畴之中。笔者从现有研究成果中发现，定量研究方法仍旧是组织认同研究的主流方法，学者们多使用结构化测量的方式展开研究。由于定性方法的使用的重要性，参与询问、深度访谈、观察法等方法经常被采用。且与早期过分重视定量研究相比，学者们逐渐重视定量与定性相结合的方法。

国内对酒店员工－组织匹配的研究起步较晚，且以简单描述性统计分析为主，研究成果尚不丰富，缺乏对员工组织认同在酒店员工－组织匹配与工作绩效之间的实证的深入研究。研究文献不仅十分有限，缺乏深层次因素及相互作用机制的阐释，而且对理论模型的研究也极少。国内学者应该重视我国文化背景下酒店员工－组织匹配、组织认同的理论模型构建和实际运用，促进本土化酒店员工组织认同理论的系统建设。

不同于制造业或者其他的服务型企业，酒店员工的工作环境和酒店空间相对固定，并且酒店工作强调标准化与流程化的操作。所以，对于酒店员工个人而言，其是否能形成对酒店组织的认同及认同的程度，都对其态度和行为有深刻的影响。基于酒店组织与员工都有各自的基本特征、供给和需求（要求），本书不是对员工与酒店组织匹配各自的基本特征、（资源）供给和要求（需求）分别作单独分析，而是探索酒店员工－组织匹配与工作绩效的关系的过程中员工组织认同的互动作用。

本章小结

本章以理论探讨的形式对酒店员工－组织匹配感知维度结构展开梳理，推断酒店员工－组织匹配感知，在结构维度上主要涵盖员工与组织在价值观、个性、目标等基本特征上的一致性或互补性，以及组织供给是否能满足员工的各种需求。

本章主要探讨酒店员工－组织匹配对于酒店员工的工作绩效的影响，以及展开对酒店员工－组织匹配感知对酒店组织内的基层员工层面个体（酒店操作层面的基层员工）的工作绩效影响机制及作用的相关研究。与国外学者的研究相比，国内对员工－组织匹配的研究多是参照国外理论和模型，主要针对国有企业组织，对酒店行业的考虑较少。回顾以往研究发现，其在工作绩效划分方面并无统一标准。

学者们通过实证研究发现，工作绩效由员工的工作态度与能力以及行为与结果等因素构成。研究普遍认为，工作绩效即个体为实现组织目标所采取的行动或行为及由此产生的可评价的结果。这丰富了酒店工作绩效的内涵并有效拓展了其外延。

从现有的研究来看，组织认同维度的划分并非越细越好，定量研究方法仍是学者们研究组织认同的主流方法。因此，选取合适的变量以适应研究所需，成为大多数学者在展开实证研究时所采用的方式。同时，定性方法对于研究酒店员工组织认同的作用也十分重要，如深度访谈、观察法等方法经常被采用。

因此，本章使用定量与定性相结合的方法，在倾向值（Propensity Score）匹配的假设中，把组织认同作为工具变量（Instrumental Variable），探索变量酒店员工－组织匹配与工作绩效的因果关系。

第三章

研究架构与研究设计

本章概述了研究设计中应用的方法，以便收集和分析数据，探索本书的假设。本章的目的是把为本书开发的概念框架和后续章节中介绍的实证结果联系起来。本章围绕几个方面展开，即研究假设、研究架构、研究范式、研究样本抽样设计、数据收集方法和数据收集分析。

第一节　研究假设与研究架构

酒店员工和酒店组织拥有各自的基本特征、供给和需求（要求），所以，本书并不是侧重于分析酒店员工与酒店组织各自的特征、供给、工作绩效的评定和要求，而是探索酒店员工与酒店组织之间的互动关系，尤其是酒店组织内的各级员工通过组织认同对酒店员工-组织匹配与工作绩效产生影响的过程。

一、研究假设

在本书中，酒店员工-组织之间的兼容性可以通过多种形式加以概念化，通常有两种分类方式：①一致性匹配（Supplementary Fit）与互补性匹配（Complementary Fit）的分类（Muchinsky and Monahan, 1987）；②基于需求（Needs）-供给（Supplies）观点和要求（Demands）-能力（Abilities）观点的分类（Caplan, 1987）。从酒店员工与组织互相满足对方需要的角度，对员工-组织匹配划分成为员工个人的需求与酒店组织供给匹配和酒店组织的工作要求与酒店员工个人的能力匹配。

需求-供给匹配是基于酒店组织对于员工个体需求满足的角度来看待匹配，并认为只有当酒店组织对于个体的需要与偏好能满足时，才能出现人与组织的匹配；要求-能力匹配是基于酒店员工个体对于酒店组织要求满足的角度来看待匹配，认为只有当员工个体拥有与其服务的酒店组织所要求的工作能力（KSAs）时，才出现员工与组织的匹配。

Kristof（1996）认为员工个体与组织形成匹配基于三种状态：（1）员工个体的某些基本特征与其所在的酒店组织的基本特征具有相似性；（2）员工个体与酒店组织双方至少有一方能够提供满足另一方需求的资源；（3）以上两种状态同时存在。只要符合上述状态中的一种，在某种程度上就会形成员工与组织的匹配（图5）。

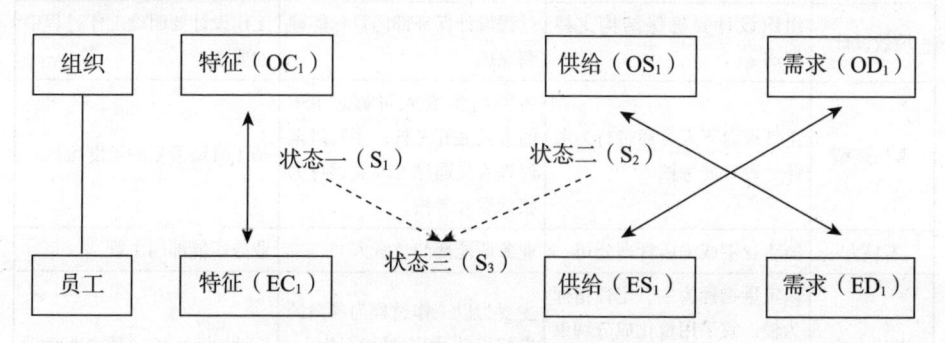

图 5　员工－组织匹配模型路径示意图

根据酒店的发展阶段及实际情况，Stanley 和 Murphy（1997）指出，构建绩效管理体系适用于酒店各种经营决策与形势的分析判断，包括：指导/规划——为员工制定绩效目标和绩效考核的标准；管理/支持——对员工的绩效展开监督和管理、提供回馈和支持、消除员工完成目标的阻碍；考察/评估——对员工绩效展开考核和评估；发展/奖励——根据考核结果，对员工给予相应的奖励、培训和职位晋升/调动。

结合社会贡献和风险，客观地评价酒店绩效与顾客的满意度、利润率、收益率等考核指标体系。酒店绩效管理体系通常面向酒店组织、过程/职能、部门/个人三个层次展开设计。常见的酒店管理绩效考核方式有关键绩效指标（Key Performance Indicators, KPI）、非结构化措施（Unstructured Measures, UM）、平衡计分卡（Balanced Score Card, BSC）、记分卡视图法（Tableau de Bord, TB）。

酒店员工在选择酒店组织时，思考自身的素质能力、职业发展方向和价值观是否与当前的职业、工作和组织相匹配，并可用职业锚理论来分析职业选择、职业定位及职业规划是否与自身的职业能力、动机与价值观真正相符。只有当酒店员工个人的定位（职业锚）与酒店组织匹配时，酒店员工才能在酒店工作中体现自身的核心价值。

表12　酒店员工工作绩效综合表

	酒店决策层面 高层员工	酒店业务层面 中层员工	酒店操作层面 基层员工
绩效设计	组织设计要确保结构支持策略	过程设计保证部门目标能顺利完成	工作设计要明确工作过程中的要求
考核类型	主管级以下人员通过行为考评量表开展考核	各部门负责人可通过BSC的方式展开考核；主管级至经理人员通过KPI关键行为指标展开考核	基于战略策划的年度考核
考核方	酒店业主或酒店管理公司	业务职能部门负责人	业务职能部门主管
考核方式	以定量指标为主、定性指标为辅，宜采用量化成分约束力较强，以最终结果为导向的考核指针	主要为以工作过程为导向的考核指针，即定量指标为主、定性指标为辅	定性指标为主、定量指标为辅
绩效改进	面对不断的组织革新，根据需要不断调整组织目标	构建合适的二级目标，并定期开展考核	提高个人技能，提供回馈、协助和调整
绩效奖励	根据组织财务绩效价值和展开职能价值的贡献给予相应的职能奖励		

资料来源：根据文献及质性访谈综合整理。

酒店员工选择职业或生涯发展固然重要，但员工在酒店就业后与组织的匹配适应问题更值得注意。所以，员工个人的个性类型与酒店职业的个性类型的相似程度越高，员工个人的职业适应性与酒店工作适应性则越强，员工与酒店组织的匹配程度越高。鉴于酒店员工与酒店组织在行为交互作用下，当酒店组织满足了员工的需要（财政、物质、心理资源，以及发展的机遇等方面）时，酒店员工的能力（努力、承诺、经验、知识、技能等方面）能适应酒店组织的要求。

酒店组织内的基层员工层面个体（酒店操作层面的基层员工）与酒店的行业、组织、群体、工作等各个方面（员工个性、工作投入、价值观、工作满意度、组织文化氛围、工作态度、工作规范、工作目标），形成兼容性匹配与适配性匹配。

随着酒店组织的环境与工作范畴的变化与发展，工作绩效的内涵随之产生了持续的扩展。酒店组织运营中绩效管理的重心由对于酒店员工的激励与监控，转向对于酒店员工态度、能力、素质的培养与专业知识的积累以及对工作团队关系沟通技巧等方面的促进。

Scotter 和 Motowidlo（1996）将工作绩效分为三个维度：任务绩效（Task Performance），是关于酒店员工对其本职工作的完成程度；人际促进（Interpersonal Facilitation），是关于酒店员工在工作过程中对于周边的人际关系（包括上级、同级和下级、顾客等）所作出的良好表现；工作奉献（Job Dedication），是关于酒店员工在其工作中精力的投入度与其奉献的精神状态。酒店业的成功取决于员工表现，员工工作绩效的好坏直接决定组织绩效的优劣。酒店员工以积极的工作情绪与工作环境（如任务、同事/主管和组织）交互，调节环境和周边的人，从而实现酒店员工-组织之间的匹配（Lee et al., 2017）。

二、关系假设

酒店业作为劳动密集型产业，面临着特有的生产力困境，在"用工荒"和"劳动力成本上升"持续作用的背景下，居高不下的员工流失率困扰着酒店人力资源管理者。提升酒店人力资源竞争力已成为酒店业持续健康发展的关键。降低酒店员工流失率，重点在于酒店员工与组织之间产生兼容性匹配与适配性匹配，从而通过提升酒店员工的工作绩效而提升酒店组织的整体业绩。在酒店员工-组织匹配的研究领域中，员工的组织认同发挥着重要的作用。Smidts、Pruyn 和 Riel（2001）研究认为员工的组织认同感分别受其所在组织内部的沟通氛围与组织外部声誉的显著影响。Patchen（1970）提出了有关组织认同的三种交互作用的现象：（1）成员感（Membership）；（2）忠诚度（Loyalty）；（3）相似性（Similarity）。员工遵从共同价值观认知与目标等共同特征的相似性，双方认知形态的交互作用基本可以涵盖酒店员工-环境匹配的五个维度，形成员工与酒店组织的兼容性匹配与适配性匹配：

①酒店员工－职业匹配（Hotel Employee-Vacation Fit）；

②酒店员工－群体匹配（Hotel Employee-Group Fit）；

③酒店员工－工作匹配（Hotel Employee-Job Fit）；

④酒店员工－组织匹配（Hotel Employee-Organization Fit）；

⑤酒店员工－他人匹配（Hotel Employee-Person Fit）。

酒店组织的社会同一性是指员工个体对于自己所隶属的某个团体的相关认知，员工个体作为团体成员而凸显的一些价值和情绪，被认为是对积极社会同一性的追求。酒店员工的工作表现与组织认同有着积极和显著的关系，酒店员工的工作绩效表现受到其心理契约、组织识别、情感承诺的影响（Li et al.，2016）。员工对组织的认同程度越高，其按照组织要求办事的主动积极性越高（Pratt，1998），工作投入与工作态度也越积极（Ashforth and Mael，1989；Albert，Ashforth，and Dutton，2000）。

在酒店员工－组织匹配的研究领域中，员工的组织认同发挥了重要作用。借鉴社会认同理论，在员工与酒店组织形成兼容性匹配与适配性匹配后，当酒店员工认同自己的组织时，自我利益和组织利益就会陷入困境，使组织成就成为个人成就。由于酒店经营者的成功很大程度上取决于提供高质量的客户服务，我们预测那些强烈认同该组织的员工会付出更多努力，提供更高质量的客户服务。根据以上的综合分析，本书提出如下关系假设：

H1：酒店员工－组织匹配对组织认同具有正向影响

H1a：酒店员工的价值观匹配对组织认同具有正向影响

H1b：酒店员工的需求－供给匹配对组织认同具有正向影响

H1c：酒店员工的要求－能力匹配对组织认同有正向影响

酒店的软实力竞争体现在酒店员工专业化生产（服务）管理阶段，现场的管理是其突出特征，如何提高酒店现场的生产（服务）效率成了核心问题（Lee et al.，2017）。训练有素的员工按照设计出的酒店产品，能迅捷地招徕顾客，提供最到位的服务。伴随着科技进步，酒店现场管理操作实践不断深化，工作绩效的内涵与外延也不断得到拓展。

当员工在思忖是否进入酒店企业时，传统的人力资源观点认为员工仅关注自身的需求（薪资、职位、职业晋升的发展机会、福利、休憩时间、工作环境等）能否在本酒店组织中得以满足。其实，新生代员工除了关注这些自身的需求能否得以满足外，还越来越关注个人与组织在价值观、目标、氛围等深层次企业文化方面的匹配。双方更为接近的价值观匹配会让员工更为认同该酒店组织。Borman 和 Motowidlo（1993）关于工作绩效的研究焦点不再集中于直接的生产和服务活动，也关注员工面向组织或团体表现出一系列自愿的人际之间行为，对任务绩效和周边绩效作出进一步的区分。员工自发的人际行为不仅可以为组织营造出良好的社会与心理环境，而且可以促进任职者自身的任务绩效，提高整个组织的有效性。

Scotter 和 Motowidlo（1996）关注员工与人（群体）之间的互动作为一种情感激励机制的作用，进一步把工作绩效区分为三个方面：任务绩效（Task Performance）、人际促进（Interpersonal Facilitation）与工作奉献（Job Dedication）。在酒店员工-组织匹配的情景下，员工和价值观与其心理特征相似的员工群体间会产生良好的互动，这有利于酒店员工之间形成较好的工作氛围与完成工作绩效任务。该研究发现人与组织价值观匹配对周边绩效具有显著的预测效果，员工-组织之间的一致性匹配与组织行为、公民行为之间显著正相关（赵慧娟、龙立荣，2004；王萍，2007）。

员工-组织形成的高匹配度能正面影响员工的认知（愿景和价值观、组织认同、员工态度、归属感、员工行为、自我效能感、工作不安全感、工作满意度、领导力、工作投入度、情感承诺、离职倾向、公民组织行为、小区活动、工作绩效等）(Wong, 2008; Luo et al., 2016)。酒店组织由各个员工个体组成，酒店员工-组织匹配属于酒店员工与酒店组织双方情景行为的交互作用。基于酒店员工与酒店组织双方的需求-供给匹配和要求-能力匹配的要求，当酒店组织满足了员工的需要（财政、物质、心理资源，以及发展的机遇等方面），酒店员工的能力（努力、承诺、经验、知识、技能等方面）能适应酒店组织的要求。在员工与酒店组织的交互过程中，所产生的价值观、组织文化氛围、个性、工作态度、目标、规范等特征相似时，形成员工与酒店组织的兼容性匹配与适配性匹配。根据以上分析，本书提出如下关系假设：

H2：酒店员工-组织匹配对工作绩效具有正向影响

H2a：酒店员工-组织匹配对任务绩效具有正向影响

H2a-1：酒店员工的价值观匹配对任务绩效具有正向影响

H2a-2：酒店员工的需求-供给匹配对任务绩效具有正向影响

H2a-3：酒店员工的要求-能力匹配对任务绩效具有正向影响

工作奉献（Job Dedication）指酒店员工在工作中的精力投入度和奉献精神状况。酒店业的成功与否取决于员工的工作态度与工作表现，其工作绩效的完成度直接影响组织绩效的优劣。酒店员工以积极的工作情绪与工作环境（如任务、同事/主管和组织）情景交互，通过对环境和周边人际关系的调节，形成员工与酒店组织的兼容性匹配与适配性匹配，从而实现酒店员工-组织之间的匹配。酒店组织内由于特定员工个体拥有的不同工作经验而带来的强烈影响，员工个人因素（自觉人格）和两个环境因素（回馈环境、工作自主性）互动通过三个关键心理状态来预测工作投入。

伴随着酒店组织环境和工作的变化与发展，工作绩效的内涵与处延持续地得到了扩展。酒店绩效的管理重心从对旗下员工的监控与激励，转向了对员工工作状态与精力投入度的培养、专业知识的积累、工作投入与奉献精神，并注重对工作团队关系技巧的促进。根据前文的综合分析，本书提出如下关系假设：

H2b：酒店员工-组织匹配对工作奉献具有正向影响

H2b-1：酒店员工的价值观匹配对工作奉献具有正向影响

H2b-2：酒店员工的需求-供给匹配对工作奉献具有正向影响

H2b-3：酒店员工的要求-能力匹配对工作奉献具有正向影响

人际促进（Interpersonal Facilitation）关注酒店员工在工作过程中对人际关系（包括与上级、同级和下级、顾客等群体）作出的良好表现。酒店工作由众多独立运作而又相互统筹配合的部门构成，需要提供各种琐细、庞杂的酒店服务，酒店员工的工作空间固定，强调标准化和按流程操作（Kong, Cheung, and Song, 2011；盖玉妍, 2012）。酒店组织和员工双方各有其基本特征、（资源）供给和要求（需求）。本书不是单独分析酒店组织与员工二者各自的基本特征、（资源）供给和要求（需求），而是侧重关注员工与酒店组织之间的互动关系。

Hochschild（1983）最早提出"情绪劳动"的概念。酒店员工需要具备适合酒店业的特征。酒店业界员工为了满足组织的要求而对情绪感受和情绪表现进行调节，这对酒店组织内管理者的心理差异、氛围和公平的多元化管理起到重要作用。文吉和侯平平（2018）认为服务性企业中这种普遍存在的情绪表现规范与情绪调节行为，使得无论是普通员工还是中高层管理者都有可能面临由情绪调节带来的缺勤、离职意向增加以及顾客满意度降低等进一步挑战。基于前文的综合分析，本书提出如下关系假设：

H2c：酒店员工－组织匹配对人际促进具有正向影响

H2c-1：酒店员工的价值观匹配对人际促进具有正向影响

H2c-2：酒店员工的需求－供给匹配对人际促进具有正向影响

H2c-3：酒店员工的要求－能力匹配对人际促进具有正向影响

基于酒店员工与组织的兼容性匹配，以员工个体个性的判断知觉的相似性为关键的参照点，酒店员工个体个性由于人际吸引而产生组织认同。基于需求－供给观点，酒店组织提供的资源和环境、组织气氛等评定，个人个性特征和组织气氛的匹配属于两个实体的特性类别的一致性，在测量上被认为是适配性匹配。酒店组织应该选择最适合本组织的员工，而不是条件最优的员工。并且，组织应更关注员工个人的价值观、目标、特质等形态与本组织是否形成匹配，而不是单纯地关注员工的知识、技术和能力（嵇婷婷、张博，2012）。在员工与酒店组织匹配的过程中，员工会根据酒店工作情景来认识和调节个体的行为。

杨夏和曾燕（2011）认为一旦员工的组织认同产生差异，将会引发其进行自我调整以及形象重塑的行为。员工通过观察他人的行为来间接地学习（注意、留存、复现和动机），强调员工自我引导倾向与自我激励的能力。这体现为员工管理采用相应的内部绩效标准，监控自身行为（自我观察），并以奖励（自我反应）来激励自身的持续努力并达成目标。在自我评估的过程中，员工保持其行为与组织评价标准的一致性；通过自我奖励的过程，员工给予自身正向的强化（荣耀、褒奖、款待）以及负向强化（羞愧、耻辱、尴尬）（Bandura and Locke, 2003；Chatard and Selimbegović, 2011）。

酒店员工进入酒店组织后，通过在工作情景中不断地观察与学习其他员工的行为，进而调整以及改进自身的行为。留存过程包括进行选取行为的观察，能够准确地认知该行为并从中提炼相关信息，通过展开记忆、存储与自我演练的方式习得行为。对酒店组织而言，这是正确认识员工工作状态的过程。酒店旨在通过调整其组织的发展目标战略与政策，凝练其组织的核心价值观与组织文化，从而建立起和谐的员工–组织关系。在这一过程中，酒店员工个体和酒店组织双方的行为都对员工–组织匹配形成的强度、均衡性与变化频率造成影响。

本书更深入地探索酒店员工–组织匹配对酒店组织行为，以及当员工与酒店组织形成兼容性匹配与适配性匹配时，员工个体态度与行为两个层面对酒店工作绩效的互动性影响。因此，员工在认同该组织后，可能会作出超过组织预期的工作贡献。根据前文的综合分析，本书提出如下关系假设：

H3：组织认同对酒店员工工作绩效具有正向影响

H3a：组织认同对酒店员工任务绩效具有正向影响

H3b：组织认同对酒店员工工作奉献具有正向影响

H3c：组织认同对酒店员工人际促进具有正向影响

组织认同作为具有独立内容的组织变量被纳入社会心理学与组织行为学研究领域，引起了广大学者对组织认同这一议题的关注并意识到其对于现代酒店业人力资源管理的重要性（Walumbwa and Hartnell, 1996；Solnet, 2006；王晶晶等, 2015；Lu et al., 2016；谷慧敏等, 2017；邹文篪等, 2017；Chan et al., 2017）。酒店员工在实现公司收入最大化方面扮演着重要的角色，因为服务质量和客户对公司的总体体验在很大程度上取决于雇员的能力。酒店从业人员应努力开发和维护一个具有较强服务导向的综合性、资源性的工作环境。

根据对基础文献的回顾，相关研究表明员工的积极情绪影响酒店员工–

组织匹配，当员工与酒店组织形成兼容性匹配与适配性匹配后，酒店员工认为自己更适合酒店，对组织、团队和工作的积极情绪更高。由于酒店服务涉及与其他部门的合作，顺利的跨部门合作和内部信息共享的重要性反映出组织内的群体动态，除了提高以服务为导向的角色表现外，组织认同还可以加强以服务为导向的组织公民行为。

当员工个人置身于环境中时，员工个体不仅是旁观者，也是自身及其经历的能动者。用观察学习和模仿两个概念来展开说明"观察学习"思想，即在社会情境中个体的行为为何会因别人的影响而改变（Bandura, 2002）。具备强烈认同感的酒店员工对促进组织成功有强烈的兴趣，可能会参与利他行为，因为这样做有助于提升组织的有效性。对于避免工作团队间的冲突，鼓励酒店部门内部的无缝支持有助于员工更加投入。除了对组织的积极情绪外，酒店员工-组织匹配还与其他情绪后果有关，这些情绪不仅体现在个人层面上（如工作），而且体现在群体层面上（如团队）。当酒店员工认为他们的能力和技能符合任务的要求时，会以更积极的情绪对待组织与工作。根据前文的综合分析，本书提出如下关系假设：

H4：组织认同对酒店员工-组织匹配与工作绩效具有中介效应

H4a-1：组织认同对酒店员工价值观匹配与任务绩效具有中介效应

H4a-2：组织认同对酒店员工价值观匹配与工作奉献具有中介效应

H4a-3：组织认同对酒店员工价值观匹配与人际促进具有中介效应

H4b-1：组织认同对酒店员工要求-能力匹配与任务绩效具有中介效应

H4b-2：组织认同对酒店员工要求-能力匹配与工作奉献具有中介效应

H4b-3：组织认同对酒店员工要求-能力匹配与人际促进具有中介效应

H4c-1：组织认同对酒店员工需求-供给匹配与任务绩效具有中介效应

H4c-2：组织认同对酒店员工需求-供给匹配与工作奉献具有中介效应

H4c-3：组织认同对酒店员工需求-供给匹配与人际促进具有中介效应

三、研究架构

本书以 Lewin（1951）的心理场理论为研究视角，以 Kristof（1996）的组织匹配为研究范式，基于组织认同提出酒店员工与酒店组织之间匹配对工作绩效影响的整合模型。从酒店组织和员工个体的角度，用系统的观点分析了酒店员工－组织匹配的影响因素，包括酒店各层级员工与酒店组织在需求－供给匹配、要求－能力匹配、价值观匹配三方面形成兼容性匹配与适配性匹配后，酒店员工组织认同感知对酒店员工工作绩效产生影响的过程。本书推导出的理论模型，如图6所示。

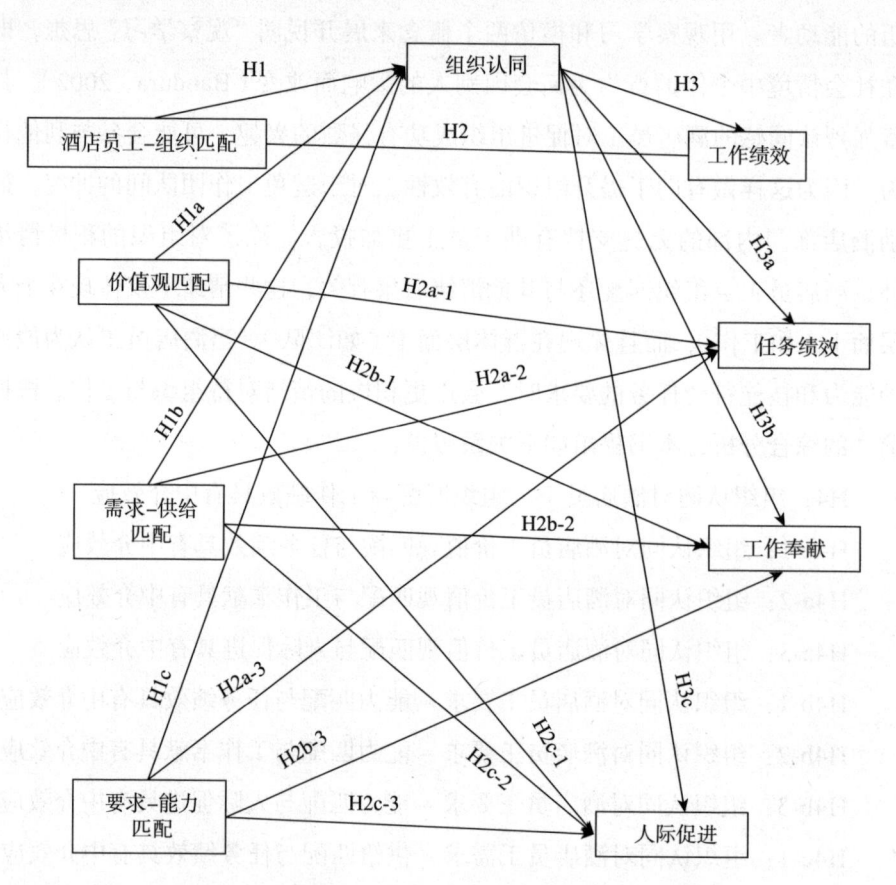

图 6 酒店员工－组织匹配对工作绩效影响机制模型

第二节 研究设计

一、研究方法

（一）研究方法

社会科学领域的基本范式由定性研究（Qualitative Research）法与定量研究（Quantitative Research）法构成，形成展开科学研究的重要步骤与方法。定性研究方法根据对社会现象以及事物本身所具备的属性与发展变化，从事物的内在层面规定对事物研究的方法或角度（蒋逸民，2007）。定性研究尤其强调研究主题、研究对象以及研究现象的适合性与具体方式的多样性，强调"到现场""到实地"，关注人们是如何赋予各种社会行为、社会事件、社会事物意义的（吴明隆，2014；风笑天，2017）。

定量研究是运用数学方法研究和考察事物之间的相互联系和作用。定量研究设计的主要方法有调查法、相关法和实验法等方式，目的是希望使用定量分析可分析的研究问题和与各变量之间的联系（聂小荣、丁丽军，2008；陈向明，2008）。当学科研究需要获得某一个群体及个体对于组织的认同态度与情况的基本信息以及人口统计因素时，问卷调查是比较高效的方式。另外，在研究目标上，使用定量分析可预测和控制研究内容（于海波，2012；吴明隆，2014）。

酒店管理作为人文社会科学的分支，核心是研究酒店现象，即探讨酒店活动的形态、结构和活动要素，从而确定该活动的性质。关于社会研究方法的使用，定量研究法与定性研究法二者本身并无优劣之分，在研究中考虑如何选用一种适合的研究方法对研究者而言才是至关重要的。酒店员工－组织匹配研究中基于管理规范研究的主流的定量研究方法，从管理角度出发展开工具性假设，尤其是在北美与韩国地区。聂小荣和丁丽军（2008）为提高研究的科学性，在单项研究中为验证同一个问题，使用不同的数据及不同的获取资料方法。采用问卷调查法来获得酒店员工的背景因素、酒店员工－组织匹配、组织认同及工作绩效等问题的资料是目前最常见的做法。

为了符合中国情景下酒店人力资源的发展，且在社会科学研究应用于很多微观层面时，个体性事件与状态还具备很多的特殊性，研究具有独特性的现象背后的本质规律与关联并不能被量化，本书采用定量研究为主、定性研究为辅的方法。由于研究主题在不同的国家区域与组织案例中存在不确定性与多样性，单一从文献中获取研究变量具有局限性与时间的滞后性，本书并不仅仅是对之前相关研究学者观点的汲取。

首先，本书在酒店员工-组织匹配研究的基础上，进一步讨论酒店不同层面的员工的组织认同意愿及其对工作绩效的影响。通过对酒店组织内管理人员、业内学者进行访谈获取相关信息数据，调查了解并提取酒店员工-组织匹配、组织认同、工作绩效的内涵特征构成因子，为主要变量的测量和调查问卷的设计奠定基础。本书的问卷开发及调查过程详见第三章第二节研究设计。

其次，通过对所获一手资料的统计分析来描述酒店员工-组织匹配对工作绩效的整体影响状况，结合已有研究验证对数据搜集的信息结构标准化后的抽象、测量与分类。为了对本书的问题有一个更为宽泛的观察视角与更为完整的现象了解，笔者通过在酒店行业内的挂职实践经历和对酒店内各层级员工的深度访谈，收集获得更具说服力的资料，以补充和完善本书仅对酒店员工展开定量研究的不足。

（二）研究工具选择

本书中酒店员工-组织匹配对工作绩效的影响机制的研究任务：阐述酒店员工-组织匹配的本质和属性，通过对酒店员工-组织匹配系统演化的基本规律及系统各组成部分的研究，揭示其工作绩效影响的关系。具体的研究方法对资料收集工具的阐述如下：

（1）文献分析法

文献研究的目的在于结构化地研究问题。开展任何一项研究需要先从文献研究入手，通过对前人的研究成果展开归纳与提炼，总结与分析以往研究成果的经验与不足，对于所研究的问题能开展更深度地思考以及作出更全面地把握。这属于理论推导与演绎的基础，并为下一步的研究展开定位。

本书在确定研究主题后，通过查阅收录旅游款待业与组织行为管理类文献的数据库（包括 EBSCO、Sage、Wiley、Taylor、Emerald、Springer、Academic Search Complete、Hospitality & Tourism Complete、Hospitality、Tourism、Leisure Collection、Humanities International Complete、ProQuest Central、中国知网、万方数据等数据库），相关书籍以及互联网上与本书相关的学术报告、行业报告等资料，对酒店员工的需求、组织人力资源管理动态展开了国内外文献数据的检索与了解。

本书梳理了酒店员工-组织匹配的内涵与发展、组织匹配的基础理论、组织认同、工作绩效等方面的文献，根据组织生态理论、心理场理论、社会认知理论、工作适应理论、动态能力理论、社会交换理论的相关研究对酒店员工-组织匹配的启示展开了归纳与整合。在文献研究的基础上，把酒店员工-组织匹配、组织认同以及对酒店员工绩效的影响相关的概念界定、（维度）构成、模型构建作为本书的理论框架、问卷内容及深度访谈提纲设计的参考，并为后续的实证研究提供理论基础与研究范式选择。

（2）访谈法

访谈作为一种研究型交谈，是研究人员与受访者双方交流，研究者以口头谈话（双向沟通）等形式针对所选定的特定主题，通过与选取的目标群体之间的非正式讨论展开材料收集。研究者在很短的时间内，从被研究者（目标人群）那里收集或者构建大量互动的一手资料，以期获得各种不同观点，属于质性研究（陈向明，2008）。同时，深度访谈法可以探讨较为复杂的问题，获取受访者深层次的信息。

为了解目标人群相关的态度、行为和产生此种行为与态度相关的原因，以及弥补问卷调查法的不足，依据不同的研究分类标准，访谈法可以分为：结构性访谈、非结构性访谈、半结构性访谈；集体访谈、个别访谈；面对面访谈、微信访谈、电话访谈、邮件访谈等。本书采用面对面形式的半结构性深度访谈法。研究人员邀请了5位酒店业运营管理、人力资源管理者和1位中国旅游教育实践项目资深总监与1位心理学博士展开本书的调查问卷设计、开发与修改。

（3）问卷调查法

问卷调查是管理学和行为科学研究中最常用的工具（Baruch and Holtom, 2008）。此外，调查问卷被认为有助于深入了解个人的态度和看法，是组织实践和政策的补充。问卷调查法是由研究者采用经过严格设计、统一的量表问卷，以书面语言的形式与调查者开展单向交流，以此收集样本抽样对象对于问题及现象的咨询和相应数据的方法。

本书把问卷调查作为数据收集工具。除此之外，问卷通常用于检查变量之间的关系，解释关系，并生成这些关系的模型（Saunders, Lewis, and Thornhil, 2009）。本书根据现有国内外相关文献部分的研究成果，以及对酒店行业内资深的人力资源管理者的访谈调研的结果展开本书的调查问卷设计，并进行研究的预调查与正式调查，以获得本次研究所需的数据。本书的问卷（开发）制定过程将在本章第三节中作进一步讨论。

（4）统计分析

本书将使用资料分析方法对收集到的资料展开数理统计和分析，检验研究假设的合理性，形成定量的结论。在对假设模型进行分析的过程中，笔者遵循了其他学者关于利用结构方程模型（SEM）的建议。随着社会科学的发展，SEM的使用为研究人员提供了一种全面的模型评估和修改方法（Hair et al., 1998; Hult et al., 2004）。具体地说，实证研究的设计与过程，本书采用SPSS 21.0、Amos 21.0 统计分析软件对所获得的数据展开处理，对问卷中相关的题项进行描述性统计分析，并对本次研究的样本数据作总体的正态分布的核对以及对主要变量进行相关分析等。

验证性因子分析（Confirmatory Factor Analysis, CFA）为SEM分析的重要步骤。在模型测试和选择之后，本书将执行多组分析以寻求不同受访人群模型不变性的证据。根据特定的人口统计学特征（包括性别、在酒店业担任年资、年龄、教育程度、就职酒店部门等）形成群体。这些因素都被认为与酒店员工－组织匹配、工作绩效有关联性。

根据以往的研究（Byrne, Shavelson, and Muthén, 1989; Byrne and Watkins,

2003），笔者使用了 SPSS 21.0 与 Amos 21.0，遵循两步方法——测量不变性测试和结构不变性测试，对研究收集的数据展开质量评估，通过对量表建构效度检验的探索性因子分析（EFA）与验证性因子分析（CFA），对量表展开信度检验与测量模型的收敛效度检验。

其中，中介效果的评估逐渐受到学术界的重视，许多新的研究方法可检定中介效果并帮助减小系数相乘所造成的非常态估计误差。信赖区间法 Bootstrap 的估计技术估计信赖区间，估计中介效果的标准误，再计算中介效果的显著水平（MacKinnon，2008；张伟豪，2011；Hayes and Scharkow，2013；温忠麟、叶宝娟，2014）。本书运用 MacKinnon（2008）所提出的信赖区间法 Bootstrap 的估计技术，估计中介效果的标准误，再验证中介效果的显著水平以提高检验力。对于 SEM 所需建立相关系数的信赖区间，验证设定在 95% 的水平下，并以 Bootstrap 的估算方式，假若信赖区间内不包含 1，则拒绝虚无假设，则两构面（维度）具有区别效度（徐茂洲，2013）。

二、问卷调查开发过程

本节介绍 Churchill 和 Iacobucci（2002）推荐的开发过程。构建调查问卷涉及的程序逐步描述，如图 7 所示。

步骤 1：具体说明本研究所需的信息

在本书中，问卷中所包含的信息是基于概念框架中记载的假设关系。问卷测量细目的设计是为了获得概念框架中提到的每个建构的响应。调查问卷的前页部分为了消除被访者的心理顾虑，能够积极配合本书的调研，以导入语的介绍方式向受访者承诺调查仅用于学术研究目的，所有的资料及调查结果严格保密，并提出了一些人口统计学相关问题。

学者们认为只有一个数据源是导致常见方法差异的主要原因（Podsakoff et al.，2003）。这个问题可以通过从不同来源收集变量的测量来解决。本书采用两种评级来源评估员工的工作绩效，即员工自我报告和其监察/管理人员（上司）的监督报告。从另一份绩效资料中获得数据源，以提高员工自我报告的客观性。

```
1 · 步骤1：具体说明本研究所需的信息
2 · 步骤2：确定本研究问卷的类型和管理方法
3 · 步骤3：确定本研究问卷中个别问题的内容
4 · 步骤4：确定本研究问卷测量题项及完善每个问题的措辞
5 · 步骤5：确定本研究问卷对问题的响应形式
6 · 步骤6：确定本研究问卷的问题顺序
7 · 步骤7：确定本研究问卷的布局和物理特征
8 · 步骤8：必要时重新审查和修订本研究问卷
9 · 步骤9：本研究调查问卷预（调研）测试
```

图7 问卷调查开发流程

然而，这在识别变量（如上司和下属的姓名）方面存在一些挑战：受访者因匿名问题而不愿参与，或来自两个数据源的结果导致信息丢失。事实上，展开多个评级来源需要更多时间、精力和成本。但是，本书已经充分考虑了获得多个评级来源所涉及的所有问题，在本章第三节"样本抽样设计"中作了介绍。

步骤2：确定本研究问卷的类型和管理方法

首先，基于文献研究选择研究范式，采用定性研究与定量研究相结合的方式展开数据收集，具体包括焦点小组、问卷设计、预测试和问卷调查等工作步骤。为了检验研究假设和模型的准确性，通过不同变量来研究酒店员工–组织匹配对工作绩效的影响，在研究过程中将变量分解并进一步细化以更有利于问卷调查，得到更为有效的结论。其次，从具体实证研究操作的角度，对本书的问卷展开科学设计，根据预调研的结果对问卷作修正，并开始正式问卷的发放与数据的收集。

目前采用结构化问卷收集研究数据。通常情况下，问卷可以由受访者自行填写或由问卷访调员协助填写。相比之下，访调员管理的调查问卷是根据调查对象的答复展开的，访问者的答复是由访调员记录的。这种特殊类型的问卷被应用，是因为对于访调员来说管理更快速有效，而对于受访者来说也更为便捷（Bryman, 2004; Mitchell and Jolley, 2010）。除此之外，这种方式还可以建立融洽的关系以激励受访者。基于纸质的问卷是可取的，特别是一旦组织同意并能够组建员工组来回答问卷（Sekaran and Bougie, 2009）。

在研究过程中，以非随机方便抽样的方式展开问卷调研，并在此基础上对所获得的研究资料展开统计分析，运用 SPSS 21.0 与 Amos 21.0 统计分析软件对研究数据的样本特征、量表题项的描述性统计、研究样本数据总体的正态分布、量表信度、量表建构效度、验证性因子对资料拟合开展相关的因子分析检验，以保证数据的质量。本节的目的为介绍实现研究目标的命题假设和问卷调查的设计与开发，以及如何进行数据收集和数据分析。

步骤 3：确定本研究问卷中个别问题的内容

本步骤涉及确定问卷中应包含哪些问题和多少问题（Churchill and Iacobucci, 2002），主要目标是围绕问卷的内容效度和信度，对研究的所有构建体均使用先前研究中已验证的项目展开测量。目前，学术界对酒店员工－组织匹配、组织认同、工作绩效的研究普遍分为两大类，分别是作为一个概念（单一维度）进行解读和多维度进行解读，并进行不同的实证研究。

本书主要研究酒店组织内的基层员工层面个体（酒店操作层面的基层员工）与酒店的行业、组织、群体、工作等各个方面（工作态度、员工个性、价值观、组织文化氛围、工作满意度、工作投入、工作规范、工作目标）。通过对酒店员工－组织匹配中酒店企业组织与酒店员工双方的需求－供给与要求－能力等条件的梳理，基于工作绩效的构成，对现有的量表开发进行了全面的回归，得到酒店员工－组织匹配、组织认同、工作绩效三个方面的测量问项并作相应的筛选。

确定员工－组织匹配、组织认同、工作绩效所涉及的测量操作。员工－组织匹配（Employee-Organization Fit）指的是"员工与其组织的价值观之间的兼容性"，可以使用直接或间接测量来评估员工－组织匹配（Kristof，1996）。主观适应性措施包括询问受访者的匹配程度，并相信他们自己的特征与其雇佣组织的价值相匹配（Karatepe and Kaviti，2016；Lam et al.，2018）。相比之下，客观匹配的衡量方式是通过比较来分别评估个人和组织的特征。这些是完全不同的测量方法，过去研究中的任何不同结果很容易由测量匹配方式的不同而引起。

酒店员工－组织价值观的兼容性被认为是酒店员工－组织匹配的一个重要方面。个人目标与组织目标的相似性是显著的价值观匹配形式，即测量个人目标与组织领导者和同伴目标的兼容性。根据 Kristof（1996）的观点，员工的个体个性在与组织的兼容性匹配过程中，将酒店员工的个性知觉判断作为关键的参照点，其次是工作群体间的人际吸引。酒店员工个人与其工作情景之间良好的匹配对于工作满意度和担任年资（年资能表明更加稳定、长期的人与环境的一致性）有显著影响（Cable and Judge，1994，1996；Cable and Derueds，2004）。

通过研究工作绩效概念多种分类方法的发展变化，很多管理实践和研究把绩效作为主要目标和结果变量。Walumbwa 和 Hartnell（1996）研究认为员工工作绩效直接影响企业酒店组织的整体效益和效率。Salanova、Agut 和 Peiró（2005）认为酒店服务环境中的感知服务质量（价值、口碑）对酒店美誉度的提升非常重要，以至于酒店组织无不致力于研究各种途径以提高员工的工作绩效（Luo et al.，2016）。

组织认同的形成基于个体将其对于组织的信念与自身的身份认同整合（Pratt，1998）。个体将组织作为认同的载体，并且认为认同能为个体提供与组织趋于一致的感受，进而为个体提供组织态度与行为的基础（王彦斌，2011）。

酒店行业员工的个人能力体现为对不同形式的知识的应用，员工的职业商（Intelligent Careers）反映员工对职业发展认知形式的应用（Song，Yang， and Wu，2011）。员工特定目标效能决定总体目标效能的调适，从而产生激励机制与目标成就，实现员工－组织匹配（Downes et al.，2016）。

表13　酒店员工－组织匹配对工作绩效影响因素评价指标部分研究汇总

作者（年份）	维度	评价指标
Katz 和 Kahn（1978）	三维	留任行为（Joining & Staying）、角色内行为（In Role Behavior）、角色外行为（Extra Role Behavior）
Mael 和 Ashforth（1992）	单维	个体情绪与组织归属感的一致程度
Campbell（1993）	八维	努力、自律、团队合作、沟通能力、本职与非本职工作的熟练程度、管理与执行力及领导与监督
Scotter 和 Motowidlo（1996）	三维	人际促进（Interpersonal Facilitation）、任务绩效（Task Performance）及工作奉献（Job Dedication）
Edward（1995）	二维	员工个人能力和工作需要与工作属性的匹配
Albert、Ashforth 和 Dutton（2000）	三维	组织外部形象吸引力、组织认同、组织识别
Dick 等（2004）	四维	认知（Cognitive）、情感（Affective）、评价（Evaluative）和行动（Behavioural）
Kreiner、Hollensbe 和 Sheep（2006）	二维	环境因素：认同需求（Identity Demands）；个人因素：认同压力（Identity Tensions）
周曙东（2011）	三维	环境绩效、财务绩效、运营绩效
王彦斌（2011）	三维	组织认同心理和组织认同行为（生存性、归属性和成功性）
稽婷婷、张博（2012）	三维	员工除了关注物质需求的满足，还关注与企业组织在价值观、目标等深层次的匹配
Tims、Derks 和 Bakker（2016）	二维	工作重塑：要求－能力匹配（Demand-Ability Fit，D-A Fit）；需求－供给匹配（Need-Supplies Fit，N-S Fit）
Schmitt、Hartog 和 Belschak（2016）	三维	工作投入、工作压力、变革型领导；员工－同事群体关系，变革型领导情感激励，员工工作投入转变积极的工作表现
Young 和 Steelman（2016）	三维	工作投入，个人（自觉人格）与两个环境因素（回馈环境、工作自主性）的互动状态
Choi、Kim 和 McGinley（2017）	三维	工作群体匹配，新的雇佣和直接的工作群体之间匹配的基础是获得一致性和互补性的员工与群体匹配
Solnet 和 Paulsen（2008）	五维	酒店组织的服务氛围、员工归属感、组织绩效、服务时间长短、合作行为

资料来源：自行整理。

通过对酒店员工－组织匹配中酒店企业组织与酒店员工双方的需求－供

给与要求－能力等条件的梳理，发现酒店员工－组织匹配的变量间的关系大体分为两类：首先是酒店员工－组织匹配与雇佣过程的关系，其次是酒店员工－组织匹配对酒店员工（工作绩效）行为的影响。本书测量题项形成的过程如下：

首先，对现有文献研究中关于酒店员工－组织匹配、组织认同、工作绩效的测量指标进行了汇总。

其次，根据本书对酒店员工－组织匹配、组织认同、工作绩效相关概念的界定以及酒店组织内的基层员工层面个体（酒店操作层面的基层员工）的特征，提出半结构化访谈的访谈提纲。

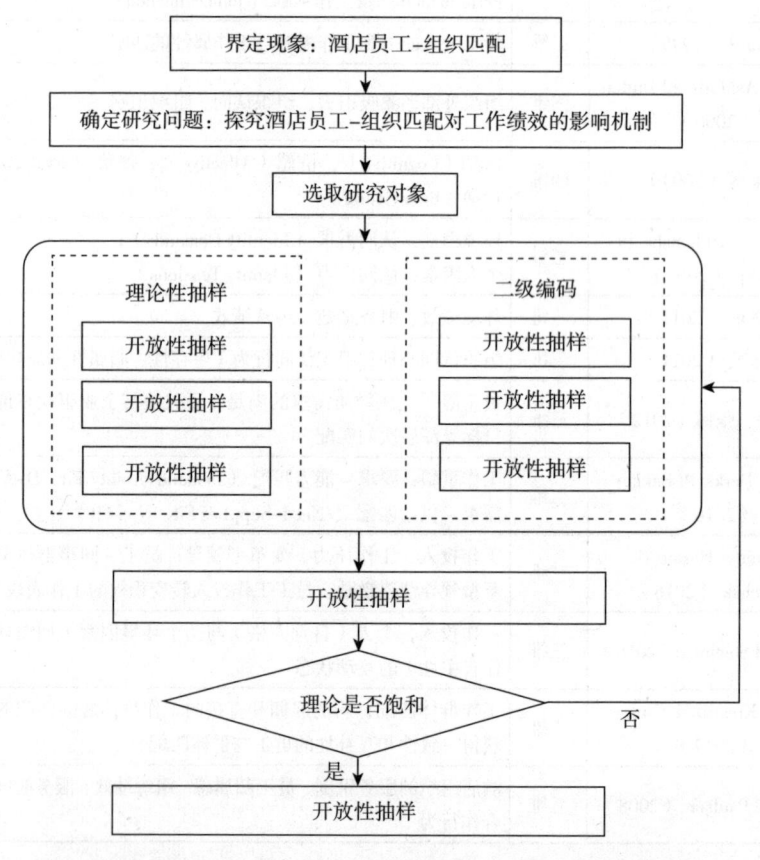

图8　酒店员工－组织匹配对员工工作绩效的影响理论研究流程

再次，通过对参与调查问卷开发与设计的专家团队（酒店款待业经营管理专家及酒店人力资源部门的中高层管理人员、酒店款待业慈善教育项目资深总监、心理学专业教师)展开深度访谈，对在前期文献质性分析的基础上提取的测量题项作维度划分和测量指标汇总，进而对测量题项展开提取、比对，形成初始问卷，请专家评审与修改初始问卷，并完善初始测量题项。

最后，通过预测试小规模的问卷发放进行相关数据的收集，并进行题项细化与调整，基于工作绩效的构成，形成整个问卷与调研前的酒店员工－组织匹配与对工作绩效影响因素的调查问卷测量量表。研究者对上述筛选出的测量量表展开深入分析，并根据其与本书内容的相关性及量表间重复性的条目作选择，进而对酒店员工－组织匹配的要素展开细化与调整，在此基础上拟测量量表的初始条目，设计结构式问卷。

步骤4：确定本研究问卷测量题项及完善每个问题的措辞

研究问卷问题的措辞很重要，因为措辞不当会对受访者产生负面影响，导致他们拒绝回答或回答错误(Churchill and Iacobucci, 2002)。现有的文献研究中，很少有专门针对酒店员工－组织匹配的测量量表。为了提高测量量表的针对性、适用性和科学性，本书在展开调查问卷开发时邀请了从事酒店管理实践和研究心理学的专家，就酒店员工－组织匹配及组织认同和工作绩效的影响机制，对量表(问卷)的题项设计有可能会产生的歧义与语言表达的准确性及清晰性提出了具体的修改建议，并对于题项内可能遗漏的内容作相关的补充。

首先，研究者通过开放式编码提取概念。研究者以开放式问题、解决问题为导向的有效研究方法，初选共提取了15个概念，根据相关性与相似性原则对相关概念作合并，形成了36个范畴。本书围绕"酒店员工－组织匹配、组织认同、工作绩效"等构面和相关测量问项展开，设计了结构化访谈提纲，主要问题包括：(1)您所服务的这家酒店的价值观符合您个人的主张吗？(2)您所服务的这家酒店，能提供给您所需的财富回报与精神关怀支持吗？(3)您觉得酒店的工作要求超出您的能力吗？(4)您的家人与朋友关注您所服务的酒店吗？(5)如果在电影/电视节目/抖音短视频/微信朋友圈中，出现您所服务的酒店，您会有什么感觉？(6)您所服务的酒店被卷入舆论风波，您会有什么感受？（7）您的专业技能与个人特长能在您所服务的酒店中得到体现与发挥吗？（8）酒店内的工作任务您觉得您可以胜任吗？（9）您喜欢酒店内出现的各种有挑战性的工作任务吗？（10）为了保证酒店的服务质量，您注重每个工作细节与标准吗？（11）如果您了解到酒店的某些即将执行的规章制度可能会影响同事利益时，您会事先通知他/她吗？（12）在共同完成酒店的工作任务中，您会做哪些能让同事开心愉快的事情？

本书主要采用深入的访谈方法进行，为了发现研究中没有考虑到的问题及新的解决办法，有效地规避刻板式、常规性提问的缺陷，与参与调查问卷开发及设计的专家团队开展了比较放松的聊天的形式。为了更好地认识我国酒店员工-组织匹配、组织认同、工作绩效的现状，保证访谈的质量与效果，在预期的酒店员工-组织匹配、组织认同、工作绩效访谈提纲的基础上进行提问，当遇到特殊的问题时，及时作出调整与说明。

其次，访谈具体实施。出于对本书研究对象特殊性的考虑，基于对相关文献的梳理与归纳，对酒店员工-组织匹配对工作绩效的影响进行了专门的定性研究与实地调研，以生成符合中国情境下的酒店员工-组织匹配测量题项，通过研究团队对数据的收集，研究者本人在中国境内的酒店企业开展深度访谈。

参与调查问卷开发与设计的专家团队分别由酒店款待业经营管理专家及酒店人力资源部门的中高层管理人员、酒店款待业教育项目万豪酒店集团资深总监、心理学专业教师等专家学者组成。为保证访谈的顺利进行以及便于整理访谈后期的相关数据，在访谈前，研究者会征得被访谈者同意在访谈过程中录音。

表14 调查问卷开发与设计的专家信息表

序号	姓名	性别	专业领域	内容	时间	地点
1	Jacquelyn	女	酒店HR招聘经理	酒店业招聘的是态度，发展的是技能。	2017-05-09	深圳JW万豪酒店
2	Grace	女	酒店HR培训经理	良好的酒店工作团队基于构筑相互信赖而配合的关系，每位员工都是其中最主要的力量，我们关注每位员工的贡献价值。	2017-05-15	美的顺德万豪酒店

续 表

序号	姓名	性别	专业领域	内容	时间	地点
3	Kevin	男	酒店总经理	酒店的发展须基于员工对职业的规划发展，提供保障性的福利与关怀的同时，关注员工对酒店工作的信心与职业规划。	2017-06-12	广州大学城雅乐轩酒店
4	Juan	女	酒店HR总监	酒店业作为有活力的行业，会以新兴的态度面对年轻化的员工的需求，在招聘、培训、岗位提升、休假、员工关爱活动、工作团队合作形式等方面更注重年轻群体的喜好与需求。	2017-06-13	广州福朋喜来登酒店
5	Joy	女	万礼豪程项目总监	中国多元化特色的酒店行业需要员工们掌握更多符合中国国情的行业知识与实际操作技巧。酒店员工应具备软技巧、情商以及国际化交流能力（例如批判性思维能力、问题解决能力以及非语言沟通能力）。	2017-07-15	深圳前海华侨城JW万豪酒店
6	Angelica	女	酒店HR总监	酒店操作层面的基层员工对岗位的专注与认可；业务管理层面的中层员工与酒店组织决策层面的高层管理人员需要通才，而不仅是专才。	2017-08-13	成都丽思卡尔顿酒店
7	Allen	男	酒店HR招聘经理	酒店技能在于对岗位需求的培训，更注重员工与酒店价值观的认可与趋同。	2017-08-25	三亚万丽度假酒店
8	CLJ	女	心理学博士	对酒店员工-组织匹配从心理学角度分维度关注员工的组织认同对任务绩效、工作奉献与人际促进的影响。	2017-08-28	北京师范大学珠海分校

资料来源：自行整理。

最后，资料整理与问项比对。这项研究遵循了一些研究人员（如：Kinnear and Taylor，1991；Churchill and Iacobucci，2002；Bryman，2008；Sekaran and Bougie，2009；Glaser and Strauss，2009）推荐的一般原则。本书在开放式编码分析结果的基础上，作进一步的主轴编码与选择新编码，以丰富范畴密度，并明确不同范畴之间的差异性，从而建立范畴间的相互联系。

为了检查测量项目的清晰性与一致性，本书的专家访谈分为以下两个阶段。在第一阶段，以焦点小组的形式，研究者将列出初始测量项目的大纲分发给专家组成员，根据最相关的属性来反复测量运算中确定的每个结构。第二阶段是深度访谈，受访专家根据每一个开放性问题下的考虑测量项目的操作性分级。每次访谈结束后，研究者用最短的时间对访谈所收集的数据、文字与录音等内容作整理、编码与建文件。

根据Churchill（1979）的建议，所有测量的题项均使用"陈述性"语句。题项是否能得以保留基于以下两种情况。将量表题项交由旅游款待业的人力资源部的主管人员及心理学专业学者等受访专家审阅，进一步增强量表题项内容、语义表述的严谨性、准确性与有效性。在开放式编码结果分析的基础上，首先，由四位（含四位）以上专家学者认为该题项可清楚反映酒店员工－组织匹配、组织认同、工作绩效，该题项予以保留。其次，由五位（含五位）以上专家学者认为该题项可部分清楚反映酒店员工－组织匹配、组织认同、工作绩效，该题项予以保留。遵循该程序原则，重新归类整合得到三大类别，最终保留酒店员工－组织匹配量表、组织认同量表和工作绩效量表，包含7个主范畴，23个初始范畴。以下部分讨论由深度访谈生成的主轴编码量项。

表15 主轴编码结果

类别	主范畴	初始范畴	类别	主范畴	初始范畴
酒店员工－组织匹配	价值观匹配	个人价值观、酒店价值观、价值取向（匹配）	工作绩效	任务绩效	工作胜任力、任务时效性、工作目标
	需求－供给匹配	工作特性、物质&精神需求、工作回报		工作奉献	工作态度、工作执行力、工作质量、自我能动性
	要求－能力匹配	工作要求、专业技能、教育（训练）		人际促进	赞赏激励、利他助人、融洽平等、团队意识
组织认同	身份认同	组织共情、团队附属感			

资料来源：自行整理。

选择性编码是在主轴编码结果的基础之上，对范畴间的关系作厘清，并确定核心范畴之后进一步寻找合适的逻辑线，将其他范畴围绕核心范畴组织起来。本书通过对现有文献梳理比对测量题项，邀请参与调查问卷开发与设计的专家团队对于初始形成的测量问题的内容效度进行评价与探讨，认为酒店员工（酒店操作层面的基层员工）、酒店员工–组织匹配和酒店员工个人绩效之间的关系包括价值观匹配、要求–能力要求匹配、需求–供给匹配、组织认同的感知对酒店员工工作绩效的影响，如图9所示。

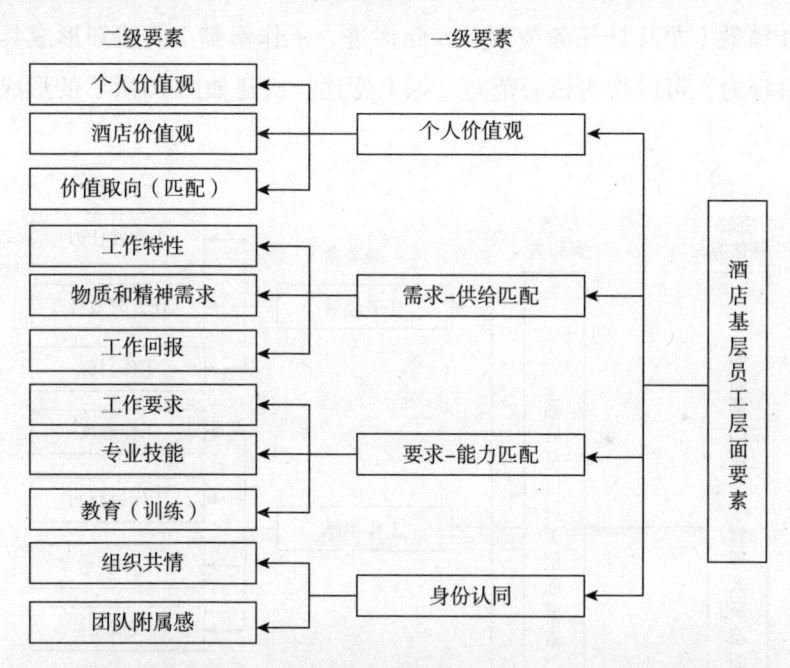

图9　酒店员工–组织匹配与组织认同（员工感知）驱动要素

结合访谈材料，本书对开放式编码与主轴编码所提取到的范畴之间的关系进行不断的比较分析，发现受访专家的建议中对酒店基层员工工作绩效的评估层面的范畴提及得最为频繁。并且值得注意的是，有关工作绩效的内涵，国内外学者们提出了不同的见解。Motowidlo 和 Scotter（1996）认为工作绩效的动机基础是工作奉献，能够为组织营造良好的社会、心理环境，改善人际关系（Motowildo and Borman，1997）。而在旅游款待行业内，面向组织或团体的行为，具有行为性（Lai and Hitchcock，2016）、事件性

（Li, Wong, and Kim, 2016）、可评价性及多维度性（Lam, Huo, and Chen, 2018）。

  本书得出多个影响酒店员工－组织匹配的因素与特征，对于工作绩效的考评不能仅基于任职者本身的感知与评判。受访专家学者们指出，酒店员工（酒店操作层面的基层员工）个人的工作绩效的评价应由其上司，即部门的监察/管理人员（酒店业务管理层面的中层员工、酒店组织决策层面的高层管理人员）评定。酒店员工的上司对酒店员工－组织匹配和酒店员工个人行为和绩效（尤其是任务绩效、人际促进、工作奉献）的感知形成具有很强的解释力，可以作为核心范畴。综上所述，构建如图10所示的形成机理模型。

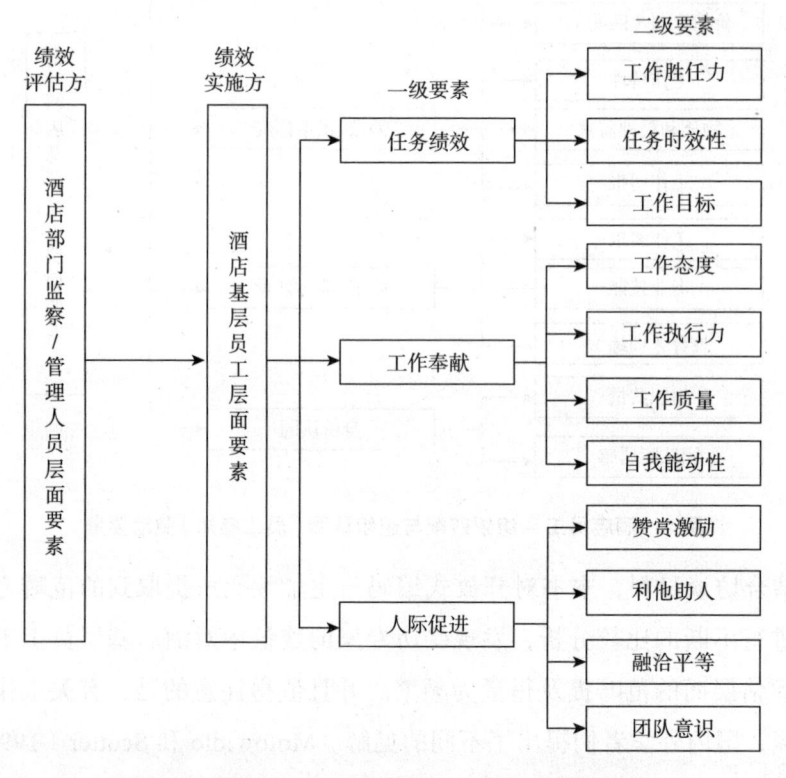

图10　酒店员工工作绩效（上司评价）驱动要素

  杜晓君、杨勃和任晴阳（2015）认为通过对访谈资料作分析已无法再获得新的范畴，理论构建趋于饱和。本书在编码分析初步达到饱和时，进一步针对酒店员工的工作绩效展开焦点小组讨论，对酒店员工-组织匹配与员工的组织认同分别作深度访谈。上述访谈材料的编码分析与相关的结果显示，没发现进一步的新概念和范畴，且范畴之间也未产生新的关系。所以，可认为本次研究的编码分析和理论构建已达到饱和。

步骤5：确定本研究问卷对问题的响应形式

该步骤确定每个问题的答复形式。问题类型可以分为两种，即开放式和封闭式。开放式问题允许受访者以他们选择的任何方式回答这些问题，而封闭式问题则是从研究人员提供的一系列备选方案中选择（Sekaran and Bougie，2009）。在这项研究中，本书人员采用了封闭式问题形式的响应格式，要求受访者从提供的清单中选择最佳答案。封闭式问题更容易实现，并促进他们在几个给定的替代方案中选择快速决策（Bailey，1994）。

本书对问卷中的所有变量应用了5点李克特量表，包含正向、反向及中间反应，对应的量值为1~5（非常不同意为1，不同意为2，不确定为3，同意为4，非常同意为5），被调查者要对每个题项展开评分。李克特量表虽然不是唯一的测量表，但已普遍用于各种调查研究。然而，使用李克特量表有一些缺点，包括相同分数所代表的意义不一定相同，受试者因为社会规范的制约而不诚实作答，每个人对量表选项的认知程度不一使测量值有所误差。调查发现，受访者对于不太留意到的问题，更难给出准确的回答，例如，报告他们在过去一周看了多少小时的电视（Frankfort and Nachmias，1996）。

步骤6：确定本研究问卷的问题顺序

调查根据以往研究提出的几项建议提出了这个问题。值得注意的是，问题排序不当可能会使受访者感到困惑，促进偏倚反应，并对响应率产生负面影响。首先，问题的位置在调查问卷中起着重要作用。调查问卷的第一部分提出了简单和有趣的问题，而困难问题则放在后面（Frankfort and Nachmias，1996；Churchill and Iacobucci，2002；Rea and Parker，2005）。这是为了增强受访者的信心，使他们更容易完成调查问卷。在本书中，与受访者的人口统计特征有关的问题放在第一部分。其次，类似的问题被组合在一起，根据项目主题展开安排。本书得出多个影响酒店员工－组织匹配的因素与特征，根据受访专家们给予问卷开发、题项措辞及表述细节等的专业性意见，设计酒店员工－组织匹配与对工作绩效影响因素的调查问卷。此外，受访者在阅读、作答已设计出的调查问卷的过程中也发现了一些小的问题，对个别测量问题的措辞的合理性、阅读性、易懂性、准确性和完整性提出了修改建议。

本书根据受访者的建议对调查问卷展开了个别题项的修改，确保调查问卷语义的准确性。并且，在展开大范围的问卷正式发放之前，对问卷展开了小范围预调研，并对问卷展开信度和效度的检验分析，依据预调研及分析结果，对专业术语展开解释和修正，进一步修订问卷不合理或疏漏的题项内容。

最终，在完成对调查问卷初稿的修订后形成正式的调查问卷。

本书的目的是检验员工－组织匹配与员工态度和结果之间的关系。基于"价值观是根本性的，相对持续性的"，具有相似个性的人群不仅相互吸引，更有着相似的行为方式。员工的个性特征最接近行为，甚至比价值观要更趋于稳定（Ryan and Kristof，2003；Edwards and Cable，2009）。态度是主观的，它应该更强烈地与员工和组织价值观之间的匹配性联系起来。

通过对酒店员工－组织匹配相关文献的梳理，结合现实情况与业内管理者的访谈，本书把酒店员工－组织匹配（Hotel Employee-Organization Fit）的定义归纳为：酒店员工与酒店组织在行为交互作用下，当酒店组织满足了员工的需要（财政、物质、心理资源，以及发展的机遇等方面），酒店员工的能力（努力、承诺、经验、知识、技能等方面）能适应酒店组织的要求所形成的员工与酒店组织对于价值观、组织文化氛围、个性、工作态度、目标、规范等特征兼容性与适配性的匹配。

本书基于 O'Reilly、Chatman 和 Caldwell（1991）等学者所开发的量表，同时参考了 Kristof（1996）提出的员工－组织匹配（Employee-Organization Fit）整合模型，结合现实情况与业内管理者的访谈，设计出酒店员工－组织匹配范畴的测量题项。酒店员工－组织匹配有三个构面（维度），即员工的价值观匹配、要求－能力匹配、需求－供给匹配。这三个构面（维度）是本书中衡量酒店员工-组织匹配测量题项设计的依据。随后，研究者通过对现有文献梳理比对测量题项后确定了初始题项，本书将量表代入旅游款待业场景并译为中文后，对重复、表述不清和不常用的题项进行删除或修改。为了使问卷的效果得到提升，邀请了参与调查问卷开发与设计的专家团队对初始形成的测量问题进行内容效度的评价、语言评估及修正。

表16 酒店员工-组织匹配量表构成

构念	维度	序号	题项	作者
酒店员工-组织匹配	价值观匹配	Q1_R1	我个人的价值观与工作酒店的价值观相似	O'Reilly、Chatman 和 Caldwell（1991）；Kristof（1996）
		Q1_R2	我个人的价值观能够与工作酒店的企业文化观相匹配	
		Q1_R3	我所在酒店的工作/生活氛围符合我个人工作/生活的价值取向	
	需求-供给匹配	Q1_R4	我的酒店工作能提供给我的物质和精神资源，符合我想寻求的工作	
		Q1_R5	我所追求的酒店工作特性，在我目前的工作中都能得到很好的体现	
		Q1_R6	我目前所从事的酒店工作，能给予我想要从工作当中得到的回报	
	要求-能力匹配	Q1_R7	酒店工作要求与我个人所具有的技能，能够很好地匹配	
		Q1_R8	我的能力和所受的训练，适合酒店工作对我的要求	
		Q1_R9	我个人的能力及所受的教育，与酒店工作对我的要求相符	

资料来源：自行整理。

组织认同（Organizational Identification）强调的是组织成员在组织中的感受。Mael 和 Ashforth（1992）最早系统地将社会认同理论与自我分类理论引入组织心理学的组织行为理论，认为社会认同是社会中的个体将自己定义为某种社会类型的成员并且把这种类型的典型特征归于自己的自我心理表现和过程。个体将组织作为认同的载体，认同为个体提供组织态度和行为的基础（王彦斌，2011）。

酒店行业员工的个人能力体现为对不同形式知识的应用，员工的职业商（Intelligent Careers）反映员工对职业发展认知形式的应用："知道为什么（做）"涉及职业动机；"知道谁"涉及个人意义和身份认同与职业有关的网络和联系；"知道如何（做）"涉及与职业有关的技能和与工作有关的知识（Song et al.，2011）。差异构成了认同，组织认同侧重角色和身份的定义（Downes et al.，2016）。本书认为酒店员工在工作群体相互的影响中，秉承共同的价值观，产生对酒店组织的附属感和情感吸引。酒店员工对酒店组织的基本目标充满热情是对酒店组织的支持信念与自身的身份认同的过程。

本书结合现实情况与业内管理者的访谈，认为Mael和Ashforth（1992）设计的组织认同量表尽管是单一维度，共6个测量题项，但该量表内部一致性系数为0.87，与本次调研问卷开发的整体范畴最为匹配。问卷增添了前期文献中没有涉及的语境条件，努力使用简单的词语来确保每个人都以同样的方式理解同一个问题。

Sekaran和Bougie（2009）建议问卷中避免包含负面措辞的问题（反向代码问题）、双管问题（对其问题的子项部分能够作出不同的反应）与引导性问题，以便被访者在回答问题时保持警惕，这有助于减少偏见。Mael和Ashforth（1992）认为专业认同亦为社会认同的一种特殊形式。该原始量表的题项1为"When someone praises（name of school），it feels like a personal compliment."，其中，"personal compliment"字面直译为"对于我个人的恭维与赞赏"；题项2为"I am very interested in what others think about（name of school）."，"interested in"字面直译为"感兴趣的"；题项3为"When someone criticizes（name of school），it feels like a personal insult."，"personal insult"字面直译为"个人侮辱"；题项6为"If a story in the media criticized my school，I would feel embarrassed."，"embarrassed"字面直译为"（在社交场合）窘迫的，尴尬的，害羞的"。

通过焦点小组的讨论，专家对于题项1"personal compliment"建议表述为"对我个人的认可"；对于题项2"interested in"专家建议表述为"在意"；

考虑到语言在问卷中的理解承受力程度，专家对于题项3"personal insult"建议转述为"对我个人的改善建议"；对于题项6"embarrassed"仅按原文直译为"（在社交场合）窘迫的，尴尬的，害羞的"会导致受访者不甚理解，专家建议将该题项增添前期文献中没有涉及的语境条件，引申拓展为"我会关注这些信息，并希望能从我的本职工作中得到认可"。问卷中组织认同量表的度量设计如下所示：

表17 组织认同量表构成

维度	序号	题项	作者（年份）
组织认同	Q3_R1	当有人称赞我工作的酒店时，这感觉就像是对我个人的认可	Mael和Ashforth（1992）
	Q3_R2	我在意别人对我工作的酒店的看法	
	Q3_R3	当有人批评我工作的酒店时，这就像是对我个人的改善建议	
	Q3_R4	当我谈论我工作的酒店时，我通常会将团队集体称之为"我们"而不是"他们"	
	Q3_R5	我认为所服务酒店的成功也是我的成功	
	Q3_R6	如果媒体的报导批评我工作的酒店，我会关注这些信息，并希望能从我的本职工作中得到认可	

资料来源：自行整理。

工作绩效（Work/Job Performance）在组织行为上是对特定目标达成程度的一种衡量，意指个人或组织的效率（Efficiency）、效能（Effectiveness）、效力（Efficacy）三方面的总体表现（Song, Yang, and Wu, 2011; Karatepe, 2013; Lai and Hitchcock, 2016; Wu and Zhang, 2017）。酒店行业是劳动密集型行业。Salanova、Agut和Peiró（2005）认为酒店服务环境中的感知服务质量（价值、口碑）对酒店美誉度的提升非常重要，以至于酒店组织无不致力于研究各种途径以提高员工的工作绩效，以如何实现组织绩效为目标的原因（Karatepe, 2013; Luo et al., 2016; Lam, Huo, and Chen, 2018）。

酒店行业是劳动密集型行业，酒店的服务运营绩效取决于员工们提供的服务和对服务质量的掌控。酒店员工的绩效表现是客户满意度的重要驱动因素（Li, Wong, and Kim, 2016）。

为了更深入地探索酒店员工组织匹配对酒店组织行为，以及对员工个体态度与行为两个层面互动性的影响，本书根据酒店员工－组织匹配对工作绩效影响的文献分析及整理，借鉴已有的相关研究成果，展开量表开发与问卷设计。

本书将酒店员工的工作绩效定义为：工作绩效是基于酒店服务环境中，员工所有与酒店组织目标有关的行为表现的程度和效果。

本书结合现实情况与业内管理者的访谈，选取的是 Scotter 和 Motowidlo（1996）通过对组织行为学等方面的研究和归纳，在原工作绩效量表的基础上验证修改的工作绩效量表，与员工的任务绩效和周边绩效作区分，并将工作绩效的结构拓展成三维，即人际促进（Interpersonal Facilitation）、任务绩效（Task Performance）以及工作奉献（Job Dedication）。

值得注意的是，酒店员工（酒店操作层面的基层员工）个人的工作绩效应由其上司，即部门的监察／管理人员（酒店业务管理层面的中层员工、酒店组织决策层面的高层管理人员）评定。本部分的酒店员工绩效测量题项包含 24 个题项，设计如下所示：

表 18 工作绩效量表构成

构念	维度	序号	题项	作者（年份）
工作绩效	任务绩效	Q2_R1	该员工达到了酒店工作目标	Scotter 和 Motowidlo（1996）
		Q2_R2	该员工符合酒店规定对工作岗位晋升的标准	
		Q2_R3	该员工在酒店工作中发挥出了自己的专业特长	
		Q2_R4	该员工能够完成酒店对于该员工岗位所要求的全部工作	
		Q2_R5	该员工提前完成了自己所承担酒店岗位的全部工作	
		Q2_R6	该员工可以胜任更高级别的酒店工作职位	
		Q2_R7	该员工胜任酒店本岗位工作中所涉及的各项任务	
		Q2_R8	该员工圆满地完成了预期的酒店工作任务	
		Q2_R9	该员工很注重本酒店岗位的工作任务的时效性	

续表

构念	维度	序号	题项	作者（年份）
工作绩效	工作奉献	Q2_R10	为了按时完成酒店工作，该员工会加倍努力	Scotter 和 Motowidlo（1996）
		Q2_R11	为了保证酒店工作质量，该员工注重每个工作细节	
		Q2_R12	在酒店工作中，该员工会以更高的标准严格要求自己	
		Q2_R13	该员工喜欢接受有挑战性的酒店工作	
		Q2_R14	在酒店工作中，该员工会自觉遵守规章制度	
		Q2_R15	该员工主动解决酒店工作中遇到的问题	
		Q2_R16	该员工积极地应对酒店工作中遇到的困难	
		Q2_R17	酒店工作中遇到困难时，该员工决不放弃	
	人际促进	Q2_R18	该员工会赞赏酒店同事工作上的表现	
		Q2_R19	当同事在酒店工作中遇到问题，该员工会鼓励他	
		Q2_R20	当某些做法可能会影响同事利益时，该员工事先通知他/她	
		Q2_R21	在酒店工作中，该员工会做一些让同事开心的事情	
		Q2_R22	为了酒店同事间彼此融洽相处，该员工会鼓励大家求同存异	
		Q2_R23	在酒店工作中，员工与同事平等相处	
		Q2_R24	在酒店工作中，该员工会主动帮助同事	

资料来源：自行整理。

基于以上各位受访专家学者的综合建议，本书对个别题项的内容进行部分文字表述的调整与修改，将内容重复或意义重叠的测量题项作合并，并删除某些关联性较差的问题，增添前期文献中没有涉及的语境条件。在此基础上对有歧义、表达模糊、晦涩难懂的题项语句作调整修改。

最后，本次问卷形成了24条初始问项。问卷努力使用简单的词语来确保每个人都以同样的方式理解同一个问题，问卷中使用直白的语言和词汇，删除了可能导致受访者误解的模棱两可的问题，避免受访者回答错误。

步骤7：确定本研究问卷的布局和物理特征

问卷的布局和物理特征也可以理解为问卷的一般外观，这非常重要，因为它们可以影响受访者的合作程度及处理或答复的便利程度（Churchill and Iacobucci，2002）。此外，为与受访者建立某种融洽的关系并激励他们热情地回答问题（Sekaran and Bougie，2009），有必要准备一份完备的介绍，条理清晰的说明，以及整齐排列的问题。

由于本书涉及纸质问卷调查，因此所有提到的项目都被考虑在内。问题的编号使得编辑、编码和表格化回答变得更为容易（Churchill and Iacobucci，2002）。因此，本书已经采取了几个步骤来确保调查能够捕获所需的信息。最后，每份调查问卷都有一份附信。附信简要说明了研究的目的、调查管理说明以及保密保证。此外，研究人员的联系方式也在内，这有助于为与调查问卷和研究有关的任何请求提供所需的进一步协助。附信以礼貌的方式结束，感谢被访者抽出时间响应调查。

研究问卷是按章节组织的。第一部分从信息背景问题开始，然后是前一步中提到的概念化的几个部分，确保问题的组织逻辑性和整洁性，并对每部分进行适当的说明。在整个问卷中，字体大小、间距和颜色以及问题的格式都是一致的。采用双面打印的优质纸张可以有效地减小问卷的厚度。

步骤8：必要时重新审查和修订本研究问卷

本步骤对研究问卷中所有的问题展开审核，以确保问卷不会出现任何有歧义、有偏见或难以回答的问题。研究问卷基于国内外研究学者对酒店员工-组织匹配、员工绩效和组织认同的研究动态开展了综述与分析，根据本书的研究目的选取合适的成熟量表来丰富调查问卷题库。结合本书的需要修改已有问卷中的部分题项，根据酒店的实际情况，对量表的测量问项展开细化与调整。酒店员工-组织匹配量表参考了O'Reilly、Chatman和Caldwell（1991）开发的员工-组织匹配测量量表，工作绩效量表参考了Scotter和Motowidlo（1996）开发的工作绩效量表（含24个题项），涵盖了酒店员工绩效的三个维度：任务绩效、工作奉献和人际促进。本书中组织认同量表选取的是Mael和Ashforth（1992）设计的组织认同量表（共6个题项），该量表内部一致性系数为0.87，在此基础上，形成本书调查问卷的初稿与结构式问卷的设计。本书问卷设计的具体内容由四个部分组成，问卷主体量表源于文献综述梳理的已有研究中的成熟量表，由酒店员工-组织匹配、组织认同、工作绩效三大部分组成。

步骤9：本研究调查问卷预（调研）测试

本书采用问卷法调查与收集相关的数据，以期完成相关的变量分析与相互关系的测量。在对受访者展开正式的问卷调查之前，预测试或试点测试有助于解决弱项问题和减少偏见（Sekaran and Bougie，2009）。预测试的目的是确保受访者根据提示理解或回答问题时没有困难（Saunders，Lewis，and Thornhill，2007）。本书首先展开了预测试问卷，将在下文进一步讨论。

第三节　样本抽样设计

一、抽样方法

本问卷采取的抽样方法是方便抽样（Convenience Sampling），调查者以随意筛选的方式挑选适合该研究的研究对象作为样本。方便抽样属于非概率抽样方法中最为简便、利于操作的模式。基于被调查的对象和个体都是相同的，其理论基础只有当研究的样本总体值参数呈现较大差异时，才会导致比较大的误差。

根据研究需要采用纸质问卷的方式，在问卷题项设计方式上，预测试环节已经对有歧义、表述不清晰、难以理解的题项进行了调整，正式问卷由受访者填写。

在抽样时间方面，本书不受季节性、黄金周旅游高峰期样本差异等旅游研究中常见的问题限制，因此不必限定收集样本时间。在样本选取方面需要特别说明的是，鉴于酒店业具有带动性强并且行业边界相对模糊的特征，本书对于酒店类住宿业抽样范围的界定，基于《2018中国大住宿业发展报告》中指出大住宿业主要包含酒店类住宿业和其他住宿业，以客房"间数"为界定依据。

在国家旅游局的星级评定标准中，关于纳入星级饭店评定体系的住宿设施，规定以15间客房为限，将中国住宿业市场分为两个部分：15间（含）以上规模的住宿单位，划归为酒店类住宿业；15间以下的住宿单位，划归为其他住宿业（上海盈蝶企业管理咨询有限公司、北京第二外国语学院酒店管理学院，2018）。

因此，中国现有住宿接待的许多民宿、客栈、SPA水会等企业虽然提供住宿并拥有一些较为特殊的住宿设施（如某些机关单位的内部接待设施），但是其企业经营范围和规模类型与酒店会有差异，从业人员数量偏少，不纳入本次研究范畴。

二、抽样范围

关于本书的范围，有三点需加以说明：

第一，本书重点关注酒店员工-组织匹配提升这些酒店的工作绩效，进而促进酒店产业的良好发展。当员工与酒店组织形成兼容性匹配与适配性匹配后，酒店组织内的基层员工层面（酒店操作层面的基层员工）都属于研究观测范围。

第二，本书以酒店组织作为研究载体，以酒店企业员工为研究对象，以社会交换理论、员工与组织互动理论及个人与职业匹配理论为基础，假设当员工与酒店组织形成兼容性匹配与适配性匹配后，对酒店组织内的基层员工层面（酒店操作层面的基层员工）展开酒店员工-组织匹配影响因素对工作绩效作用机制相关的研究，诠释酒店员工-组织匹配形成的内在机理。

第三，本研究重点关注酒店的员工与组织之间的互动关系对工作绩效的影响。员工是酒店的员工-组织匹配的主体，因此在酒店从业人员中展开样本抽样调查。基于问卷数据收集的便利性，本问卷采取的抽样方法是非概率抽样方法中的方便抽样。在调研设计的过程中，研究者本人参与万豪酒店集团酒店挂职的调研经历为主要的调研目标案例区域，由与研究者相熟且现在服务于中国国内各酒店的朋友协助采集数据。

旅宿业在中国南方较有代表性。由于一星级酒店与二星级酒店规模体量相对偏小，单体酒店的从业人员数量偏少，本次调研的目标案例区域主要集中在广东、广西、海南、四川等岭南与西南地区内的酒店类住宿业企业，单体酒店员工人数为150～300的中大型酒店组织。以调研区域内的酒店基层员工（酒店操作层面的基层员工）派发的调查问卷为主要研究样本抽样对象的来源。在数据采集与样本的选择上，缺乏对华中、华北、西北、华东等区域样本的采集。因此，碍于本书的抽样样本数据采集具有区域局限性，尽管研究样本的可控性较强，抽样样本的代表性仍稍显不够，并不能反映整个中国酒店业的情况。

三、样本抽样对象

本书以酒店企业员工为研究对象，展开酒店员工–组织匹配影响因素对工作绩效作用机制相关的研究，诠释酒店员工–组织匹配形成的内在机理。

本书重点关注酒店员工–组织匹配提升这些酒店的工作绩效，进而促进酒店产业的良好发展，研究酒店的员工与组织之间的互动关系对工作绩效的影响，员工是酒店员工–组织匹配的主体。在调查研究中，由于时间和成本限制，与调查所有人相比，抽样是可取的（McDonnell et al., 2007）。抽样被定义为涉及从较大群体中选择样本（小单位）的研究（Levy and Lemeshow, 2013）。需要注意的是，酒店员工–组织匹配和酒店员工工作绩效表现的研究是敏感问题，特别是在员工对组织认同的情境下。

基于问卷资料收集的便利性，本书向目标案例调研区域内的酒店的基层员工及其监察/管理人员（上司）派发调查问卷。为了使被访者消除心理顾虑，能够积极配合本书的调研，本书将采用匿名问卷，并向受访者承诺所有的资料严格保密，仅用于学术研究，绝不应用于其他用途。

为了得到酒店高级管理层（行政管理层）的支持和酒店员工的高响应率（尤其是酒店操作层面的基层员工），研究者联系了样本酒店的高级管理层，并承诺为酒店员工开展一次免费的培训研讨会，把团队建设活动设计为培训研讨会的形式，作为建立和谐的基层员工和管理层之间信任的手段。培训研讨会的主题是"先天特质沙盘：酒店隐形的沟通成本"。除了高级管理人员和部门负责人外，研究者请求人力资源管理或培训部门选择酒店前区服务部门和辅助酒店运营的后区部门的操作层面的基层员工，以及其他不同部门和不同级别的员工。为了尽量减少参与者回答问卷时可能产生的潜在需求的影响,本书已采取了若干程序。

首先,在培训研讨会开始之前,受访者(酒店操作层面的基层员工)回答问卷,然后立即将问卷返还给研究人员。为了使被访者消除心理顾虑,能够积极配合本书的调研,本书将采用匿名问卷,并向受访者承诺调查仅用于学术研究目的,所有的资料及调查结果严格保密,不会被透露给他们的上级,绝不应用于其他用途。其次,培训选择了"先天特质沙盘"而不是"组织认同"或"工作绩效"的主题,是为了保证培训本身不影响受访者的反应。在这些情况下,不同酒店的反应率从82%到95%不等。最后,对于所有部门负责人和高级管理人员,即监察/管理人员(酒店业务管理层面的中层员工、酒店组织决策层面的高层管理人员),研究者通过人力资源部(HRD)展开问卷调查的派发。当问卷完成后,被调查者将问卷装在研究者提供的自密封信封中退回到人力资源部。采用这种收集方法,不同酒店的反应率从52%到73%不等。

四、样本数量确定

样本数量应有一定的数量要求。Bomsma等(2004)建议,适用的最少样本数量应该大于100,最好大于200。Bagozzi、Yi和Nassen(1998)认为研究样本量不得小于200,除非所研究的内容取样存在极端的困难。利用验证性因子分析(Confirmatory Factor Analysis,CFA)分别来界定潜变量与观察题项之间的线性关系,即如何从观察题项间接推测潜变量(Byrne,Shavelson, and Muthén, 1989)。软件选择Amos 21.0,检验水平$\alpha=0.05$。由于本书涉及的酒店员工与组织匹配、酒店员工对酒店组织的认同、酒店员工的工作绩效难以直接测量,需要作为潜变量通过可观测题项展开测量,因此样本数量以400~600为宜。为检验量表的可靠性和有效性,对样本数据采用信度效度分析;为了解资料的整体状况,对样本数据作描述性分析;为检验人口基本情况统计变量的影响,对样本数据展开方差分析。以相关性分析来检验两变量之间的相关关系,以回归分析作变量之间的相互依赖关系的检验,以及组织认同影响因素中介作用的验证性因素分析等。

五、预测试问卷的发放与收集

在预测试问卷样本方面，本书的研究人员以多源评级的问卷形式分别向酒店操作层面的基层员工、酒店中层员工与监察/管理人员（主管、上司）派发了300份调查问卷，样本数据收集过程历时近两个月，共收到270份酒店基层员工完成的问卷，回复率占90%。其中，由于部分基层员工的样本数据没有收到其机构监管人员的反馈意见，因此放弃了11份调查问卷。最终正式有效的问卷分析资料为259份，问卷有效答复率为86%。幸运的是，这种响应率被认为是可以接受的，因为 Baruch 和 Holtom（2008）声称管理和行为研究中调查的适当平均响应率为52.7%，可用调查问卷的总数足以展开进一步分析。本书预测试调查数据的有效样本基本数据如下。

表19 预测试问卷样本基本数据

项目	选项	频数	占比/%
性别	男	90	34.7
	女	169	65.3
年龄	18～20岁	90	34.7
	21～30岁	112	43.2
	31～40岁	39	15.1
	41～50岁	14	5.4
	51岁及以上	4	1.6
教育程度	初中及以下	11	4.3
	高中/中专	22	8.5
	大专	112	43.2
	本科	97	37.4
	研究生及以上	17	6.6
担任年资	1年以内	27	10.4
	1～3年	73	28.2
	4～6年	81	31.3
	7～9年	42	16.2
	10年及以上	36	13.9

续 表

项目	选项	频数	占比/%
酒店工作部门	房务部（前厅部、客房部、行政酒廊等）	73	28.2
	餐饮部（餐厅、厨房）	68	26.3
	酒店工程部	12	4.6
	酒店行政办及人力资源部	33	12.7
	酒店市场营销部及财务部	28	10.8
	酒店康乐部	8	3.1
	酒店防损（保安）部	16	6.2
	酒店其他部门	21	8.1

数据来源：自行整理。

第四节　预测试样本分析

本次研究首先对量表展开信度与效度的相关检验。信度系数是检测量表的可靠性的重要参考系数，效度分析是指检验量表是否能够反映出所测量的理论特质以及概念程度。

一、信度检验

信度作为对检验结果的可靠性以及一致性的描述，信度较高的问卷被认为可靠性较高。对于信度的测评往往采用 Cronbach's α 系数来评价，其测算公式为：$\alpha = (n/n - 1) \times (1 - S_i/S_t)$。$\alpha$ 作为信度系数，n 作为测验题目数，S_i 作为每题得分的方差，S_t 作为被试题项所得总分的方差。所以，α 作为判断信度的高低限度，其取值范围应为 [0, 1]，当 $\alpha<0.35$，问卷评价为低信度；当 $\alpha>0.7$ 时，评价为高信度；当 $0.35<\alpha<0.7$ 时，评价为中信度。通常来说，当 α 系数的值大于 0.8 时，说明该问卷具有较高信度，同时具有使用价值。

本书选择 Cronbach's α 系数来衡量信度检验的效能。通常 Cronbach's α 系数大于 0.7 是可以被接受的，特殊情况下，小于 0.7 但大于 0.6 的值也是可以被接受的。在探索性研究中，该值甚至可降至 0.6（Hair et al., 2017）。系

数 α 比例项的数量正相关，系数 α 的值会随着量表项目数量的增加而增加。因此，Cronbach's α 系数可能会因为包含多个冗余项而被不适当地夸大（Hair et al., 2017）。源自验证性因子分析（CFA）的信度测量被认为可以克服这个问题。构面（维度）信度的估计也被认为可以提供更准确的结果。建构信度的计算公式如下（Hair et al., 2017），其中 Construct Reliability 为建构信度，Sum of standardised loadings 为标准化载荷和，Sum of indicator measurement error 为指标测量误差和。

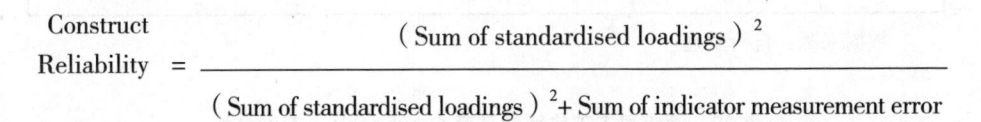

$$\text{Construct Reliability} = \frac{(\text{Sum of standardised loadings})^2}{(\text{Sum of standardised loadings})^2 + \text{Sum of indicator measurement error}}$$

通过整理本书的 3 个量表的数据并应用 Amos 21.0 软件进行详细分析，其结果详见表 20～表 22。因此，该量表中的所有题项均可推断已满足信度检验。同时，通过对本量表的项总计统计量的研究，发现各题项已删除的 α 值均小于酒店员工 – 组织匹配与工作绩效量表的总体题项 α 值，验证了问卷的合理性。

表20　酒店员工 – 组织匹配量表 Cronbach's α 系数分析

量表	维度	项目	项已删除的 Cronbach's α 值	总体 Cronbach's α 值
酒店 – 员工组织匹配量表	价值观匹配	Q1_R1	0.883	0.891
		Q1_R2	0.880	
		Q1_R3	0.880	
	需求 – 供给匹配	Q1_R4	0.878	
		Q1_R5	0.875	
		Q1_R6	0.878	
	要求 – 能力匹配	Q1_R7	0.878	
		Q1_R8	0.875	
		Q1_R9	0.884	

数据来源：自行整理。

表21 酒店员工组织认同量表 Cronbach's α 系数分析

变量	项目	项已删除 Cronbach's α 值	总体 Cronbach's α 值
组织认同	Q3_R1	0.801	0.891
	Q3_R2	0.791	
	Q3_R3	0.772	
	Q3_R4	0.797	
	Q3_R5	0.791	
	Q3_R6	0.787	

数据来源：自行整理。

表22 酒店员工工作绩效量表 Cronbach's α 系数分析

量表	维度	项目	项已删除的 Cronbach's α 值	总体 Cronbach's α 值
工作绩效量表	任务绩效	Q2_R1	0.958	0.960
		Q2_R2	0.958	
		Q2_R3	0.958	
		Q2_R4	0.958	
		Q2_R5	0.958	
		Q2_R6	0.959	
		Q2_R7	0.959	
		Q2_R8	0.958	
		Q2_R9	0.959	
	工作奉献	Q2_R10	0.958	
		Q2_R11	0.957	
		Q2_R12	0.957	
		Q2_R13	0.958	
		Q2_R14	0.958	
		Q2_R15	0.958	
		Q2_R16	0.958	
		Q2_R17	0.957	

续 表

量表	维度	项目	项已删除的 Cronbach's α 值	总体 Cronbach's α 值
工作绩效量表	人际促进	Q2_R18	0.958	0.960
		Q2_R19	0.959	
		Q2_R20	0.959	
		Q2_R21	0.958	
		Q2_R22	0.958	
		Q2_R23	0.958	
		Q2_R24	0.958	

数据来源：自行整理。

酒店员工-组织匹配量表、酒店员工组织认同量表、酒店员工工作绩效量表、信度分析表显示各构念的Cronbach's α 值均大于0.7，说明本问卷（量表）各构念的信度较好。同时，酒店员工-组织匹配的总量表的整体信度值达到0.891，大于0.8，总体信度表现良好，各题项已删除该项的信度系数均小于整体的信度系数，说明目前资料整体的信度情况最佳。因此，数据与实际情况比较匹配，具有较强的说服力，调查资料比较可靠。

二、效度分析

效度（Validity）是指以测量工具能正确测量出所有测量问题的程度，测试量表所具有的准确性。测定效度须对所收集的数据能否得到相关结论并反映所有讨论的问题进行确认，并且需要判定潜变量的选取是否合理。通过因子分析检验测量效度，效度越高，表示测量结果越能显示出所要测量目标的真正特征。但是否可以展开因子分析取决于KMO（Kaiser-Meyer-Olkin）和Bartlett's 球形检验的取值。其中，KMO > 0.9，表示该问卷非常适合做因子分析；0.7 < KMO < 0.9，Bartlett 球形检验的 P 值小于0.05，表示该问卷适合做因子分析；KMO < 0.7，Bartlett 球形检验的 P 值为0.05~0.10（中度匹配）或大于0.10（不良匹配）时，表明该问卷不适合做因子分析。效度分析通常采用探索性因子分析（Exploratory Factor Analysis，EFA）来评价问卷的效度，其中KMO值要大于0.6，近似卡方值越大越好，显著性要小于

0.01。本书的预测试中使用 EFA 来检测效度。

(一)酒店员工-组织匹配量表因子分析

对酒店员工-组织匹配量表展开 KMO 和 Bartlett 检验,结果表明:KMO 检验值为0.832,大于0.7;Bartlett 球形检验值为1323.940,大于自由度120的标准;Sig.值为0.000,小于0.001,小于显著性水平0.05。说明适合展开 EFA,详见表23。

表23 酒店员工组织匹配量表的 KMO 和 Bartlett 球形检验

取样足够度的 Kaiser-Meyer-Olkin 度量		0.832
Bartlett 球形检验	近似卡方值(Chi-Square)	1323.940
	自由度(df)	36
	显著性(Sig.)	0.000

数据来源:自行整理。

本书按照系统默认的方法对酒店员工-组织匹配量表展开因子分析。酒店员工-组织匹配的量表包含9道题,以主成分分析法对量表展开因子分析,并采用最大方差旋转法对其展开正交旋转提取 $\lambda > 1$(λ 为特征值)的因子,结果显示提取了3个因子,即酒店员工-组织匹配量表可以分为3个维度展开研究,维度1是价值观匹配表,包含 Q1_R1、Q1_R2、Q1_R3;维度2是需求-供给匹配,包含 Q1_R4、Q1_R5、Q1_R6;维度3是要求-能力匹配,包含 Q1_R7、Q1_R8、Q1_R9。详见表24和表25。

表24 酒店员工-组织匹配量表的因子总方差解释(EFA)

成分	初始特征值			提取平方和载入			旋转平方和加载		
	合计	方差/%	累计/%	合计	方差/%	累计/%	合计	方差/%	累计/%
1	4.830	53.665	53.665	4.830	53.665	53.665	2.664	29.603	29.603
2	1.681	18.680	72.345	1.681	18.680	72.345	2.637	29.305	58.908
3	1.407	15.637	87.983	1.407	15.637	87.983	2.617	29.074	87.983
4	0.240	2.661	90.644						
5	0.209	2.325	92.969						

续 表

成分	初始特征值			提取平方和载入			旋转平方和加载		
	合计	方差 /%	累计 /%	合计	方差 /%	累计 /%	合计	方差 /%	累计 /%
6	0.200	2.220	95.189						
7	0.179	1.988	97.177						
8	0.131	1.451	98.627						
9	0.124	1.373	100.000						

数据来源：自行整理。

注：提取方法为主成分分析法。

表25 酒店员工－组织匹配量表的成分矩阵

维度	题项	成分		
		1	2	3
价值观匹配	Q1_R1	0.925	0.132	0.161
	Q1_R2	0.913	0.167	0.187
	Q1_R3	0.889	0.229	0.137
需求－供给匹配	Q1_R4	0.192	0.892	0.179
	Q1_R5	0.219	0.883	0.209
	Q1_R6	0.129	0.904	0.239
要求－能力匹配	Q1_R7	0.168	0.222	0.901
	Q1_R8	0.196	0.281	0.877
	Q1_R9	0.136	0.137	0.908

数据来源：自行整理。

注：提取方法为主成分旋转法（具有 Kaiser 标准化的正交旋转法，旋转在 5 次迭代后收敛）。

表24显示，酒店员工－组织匹配量表的9个题项可分为3类因子，因子分析提取了3个 $\lambda>1$ 的主成分，且所有因子载荷均大于0.50，这3个因子的累计方差贡献率达到了87.983%，数据指针大于60%。因此，本次提取的公因子反映了原有变量的大部分信息，本书认为这3个因子对量表的解释度非常高。因此，本次测试说明该量表的因子内部一致性较高。

在因子载荷矩阵中，因子载荷的绝对值表明该主因子与该变量之间的信息重叠程度。信息重叠度越高，对于主成分概括的解释能力越强。表25为旋转后的因子载荷矩阵,其各项指标都符合要求,可将本次测试的各指标归类为3类因子。

(二)组织认同量表因子分析

对组织认同量表展开 KMO 和 Bartlett 检验,结果表明:KMO 检验值为0.831,大于0.7;Bartlett 球形检验值为317.357,大于自由度120的标准;Sig. 值为0.000,小于0.001,数据指针小于显著性水平0.05。这说明本次测试使用数据的效度较高,适合展开 EFA。详见表26。

表26　组织认同量表的 KMO 和 Bartlett 球形检验

取样足够度的 Kaiser-Meyer-Olkin 度量		0.831
Bartlett 球形检验	近似卡方(Chi-Square)	317.357
	自由度(df)	15
	显著性(Sig.)	0.000

数据来源:自行整理。

对组织认同量表展开相关的因子分析,本组织认同量表包含6道题,采用主成分分析法展开因子分析。结果显示提取了1个因子,我们定义该因子为 M,结合问卷,M 为组织认同变量,该因子贡献率达到了53.449%,数据指针大于30%。因此本次测试所提取的公因子反映了原有变量的大部分信息,并认为该因子对量表的解释度非常高。详见表27和表28。

表27　组织认同匹配量表的因子总方差解释(EFA)

成分	初始特征值			提取平方和载入		
	合计	方差 /%	累计 /%	合计	方差 /%	累计 /%
1	3.207	53.449	53.449	3.207	53.449	53.449
2	0.776	12.926	66.375			
3	0.653	10.885	77.260			
4	0.527	8.785	86.045			
5	0.467	7.776	93.821			
6	0.371	6.179	100.000			

数据来源:自行整理。
注:提取方法为主成分分析法。

表28　组织认同量表的成分矩阵

维度	项目	项已删除的 Cronbach's α 值	总体 Cronbach's α 值
组织认同	Q3_R1	0.803	0.819
	Q3_R2	0.791	
	Q3_R3	0.772	
	Q3_R4	0.797	
	Q3_R5	0.791	
	Q3_R6	0.787	

数据来源：自行整理。

注：提取方法为主成分分析法。

（三）工作绩效量表因子分析

对工作绩效量表展开 KMO 和 Bartlett 检验，结果表明：KMO 检验值为 0.945，大于 0.7；Bartlett 球形检验值 3360.642，大于自由度 120 的标准；Sig. 值为 0.000，小于 0.001，数据指针小于显著性水平 0.05。说明使用数据的效度较好，适合展开 EFA。详见表 29。

表29　工作绩效量表的 KMO 和 Bartlett 球形检验

取样足够度的 Kaiser-Meyer-Olkin 度量		0.945
Bartlett 球形检验	近似卡方值（Chi-Square）	3360.642
	自由度（df）	276
	显著性（Sig.）	0.000

数据来源：自行整理。

按照系统默认的方法提取了特征值大于1的因子，本书对工作绩效量表展开因子分析，结果提取的因子数为3，前3个因子的累计方差贡献率达到69.449%，数据指针远超过30%以上。因此本次测试提取的公因子能反映出原有变量的大部分信息，并认为本次测试该3个因子对量表的解释度非常好。本次测试采用主成分分析法展开因子分析，运用最大方差旋转法展开正交旋转提取 $\lambda>1$（λ 为特征值）的因子，得到的结果如下表结果显示提取了三个因子，通过主成分分析得到 $\lambda>1$ 的因子一共三个，并且该三个因子的累积贡献率大于60%。详见表格30，表格31。

表31显示，酒店员工工作绩效量表包含24个题项，划分为3类因子，即工作绩效量表可以分为3个维度展开研究，其中维度1为"任务绩效"，包含题项Q2_R1、Q2_R2、Q2_R3、Q2_R4、Q2_R5、Q2_R6、Q2_R7、Q2_R8、Q2_R9；维度2为"人际促进"，包含题项Q2_R10、Q2_R11、Q2_R12、Q2_R13、Q2_R14、Q2_R15、Q2_R16；维度3为"工作奉献"，包含题项Q2_R17、Q2_R18、Q2_R19、Q2_R20、Q2_R21、Q2_R22、Q2_R23、Q2_R24。因子分析提取了3个$\lambda>1$的主成分，并且所有因子的α值均大于0.50，因此可以说明该量表的因子内部一致性较高。

表30 酒店员工工作绩效量表的因子总方差解释（EFA）

成份	初始特征值			提取平方和载入			旋转平方和加载		
	合计	方差/%	累计/%	合计	方差/%	累计/%	合计	方差/%	累计/%
1	12.628	52.616	52.616	12.628	52.616	52.616	6.087	25.361	25.361
2	2.463	10.261	62.877	2.463	10.261	62.877	5.967	24.863	50.223
3	1.577	6.573	69.449	1.577	6.573	69.449	4.614	19.226	69.449
4	0.774	3.224	72.674						
5	0.645	2.685	75.359						
6	0.594	2.474	77.833						
7	0.534	2.224	80.058						
8	0.467	1.947	82.005						
9	0.455	1.894	83.899						
10	0.432	1.801	85.700						
11	0.388	1.615	87.315						
12	0.379	1.580	88.895						
13	0.349	1.454	90.349						
14	0.309	1.287	91.636						
15	0.304	1.268	92.904						
16	0.278	1.159	94.063						
17	0.233	0.969	95.032						
18	0.219	0.911	95.943						
19	0.215	0.896	96.840						

续 表

成份	初始特征值			提取平方和载入			旋转平方和加载		
	合计	方差 /%	累计 /%	合计	方差 /%	累计 /%	合计	方差 /%	累计 /%
20	0.184	0.766	97.606						
21	0.174	0.725	98.331						
22	0.157	0.653	98.984						
23	0.134	0.557	99.541						
24	0.110	0.459	100.000						

数据来源：自行整理。

注：提取方法为主成分分析法。

表31 工作绩效量表的成分矩阵

维度	题项	成分		
		1	2	3
任务绩效	Q2_R1	0.737	0.151	0.304
	Q2_R2	0.696	0.326	0.218
	Q2_R3	0.655	0.342	0.246
	Q2_R4	0.715	0.301	0.197
	Q2_R5	0.743	0.205	0.249
	Q2_R6	0.776	0.145	0.159
	Q2_R7	0.799	0.106	0.174
	Q2_R8	0.818	0.217	0.221
	Q2_R9	0.689	0.276	0.176
人际促进	Q2_R10	0.199	0.817	0.211
	Q2_R11	0.283	0.772	0.325
	Q2_R12	0.266	0.811	0.263
	Q2_R13	0.287	0.798	0.152
	Q2_R14	0.191	0.762	0.286
	Q2_R15	0.257	0.729	0.335
	Q2_R16	0.130	0.783	0.357

续表

维度	题项	成分		
		1	2	3
工作奉献	Q2_R17	0.352	0.729	0.254
	Q2_R18	0.247	0.368	0.613
	Q2_R19	0.150	0.296	0.739
	Q2_R20	0.227	0.226	0.757
	Q2_R21	0.207	0.307	0.801
	Q2_R22	0.322	0.308	0.746
	Q2_R23	0.467	0.206	0.671
	Q2_R24	0.409	0.333	0.636

数据来源：自行整理。

注：提取方法为主成分旋转法（具有 Kaiser 标准化的正交旋转法，旋转在 6 次迭代后收敛）。

本章小结

根据以上对预测试的信度和效度的分析，对初始量表展开如下修改，从而形成正式调查问卷。

初始问卷没有删除题项。本书的调查问卷设计的各维度数据 Cronbach's α 值大于 0.7，KMO 值大于 0.7，可解释总体方差大于 60%，符合问卷预测试结果标准，同时考虑到是成熟量表，所以该量表的所有题项均可保留。

修订题项内容。虽然酒店员工 - 组织匹配相关因素变量参考了成熟量表，没有删除题项，但是转译过程中出现的一些问题，提醒本书需要认真审视并翻译题项的内容，使其表达的含义与本书期望测量的变量相符合。

修订提示语。为了便于受访者理解，本章将开头的指导语修改为更通俗易懂的导入语。

第四章

基于组织认同视角的酒店员工—组织匹配与工作绩效实证分析

本章介绍了当前研究的结果和分析。本章内容分为六个部分。在第一、第二、第三节中，介绍了调查问卷的收集过程与受访者的描述性统计数据，并继续讨论调查采录数据的描述性分析。在第四节中，讨论分析受访者对问卷响应的单因子变异数分析（ANOVA）。在第五节随后的部分中，讨论了模型测量的分析。在第六节中阐述了对结构方程模型及中介效应的评估分析。

第一节　调查问卷的收集

在这项研究中，研究人员向调研酒店样本抽样区域内的酒店分发了800份问卷。广东区域：广州大学城雅乐轩酒店（国际连锁酒店品牌万豪旗下低端酒店品牌，相当于四星级酒店，A1）、顺德美的万豪酒店（国际连锁酒店品牌万豪旗下高档酒店品牌，相当于五星级酒店，A2）、惠州万丽酒店（国际连锁酒店品牌万豪旗下高档酒店品牌，相当于五星级酒店，A3）、深圳前海JW万豪酒店（国际连锁酒店品牌万豪旗下奢华酒店品牌，相当于超五星级酒店，A4）。海南区域：三亚万丽酒店（国际连锁酒店品牌万豪旗下高档酒店品牌，相当于五星级酒店，B1）、三亚艾迪逊酒店（国际连锁酒店品牌万豪旗下豪华酒店品牌，相当于超五星级酒店，B2）、海口丽思卡尔顿酒店（国际连锁酒店品牌万豪旗下奢华酒店品牌，相当于超五星级酒店，B3）。广西区域：贺州黄姚花海酒店（国内单体酒店，四星级酒店，C1）、柳州饭店（国内单体酒店，五星级旅游涉外饭店，C2）。四川区域：成都丽思卡尔顿酒店（国际连锁酒店品牌万豪旗下奢华酒店，相当于超五星级酒店，D1）、成都茂业JW万豪酒店（国际连锁酒店品牌万豪旗下奢华酒店品牌，相当于超五星级酒店，D2）。

在本书的调研区域内，研究人员以多源评级的问卷形式分别向酒店操作层面的基层员工、酒店中层员工与监察/管理人员（主管、上司）派发了800

份调查问卷,样本数据收集过程历时近十二个月,共收到712份酒店基层员工完成的问卷,回复率为89%。但是,部分基层员工的样本数据没有收到其机构监管人员的反馈意见,因此放弃了156份调查问卷。最终正式有效的问卷分析资料为556份,问卷有效答复率约为78%。

这项研究的最大挑战是说服主管参与调查。主管们会以日程安排紧张为由拒绝参与调查,他们负责10名或更多的下属,并认为对所有下属展开评级是非常困难和耗时的。但在试点测试期间没有发生这个问题。为了说服主管参与本次调查,研究人员采取了一些措施来提高响应率,如为主管提供一些纪念品。

表32 可用调查问卷的数量

项目	酒店										样本
A组(员工完成的问卷)	广东				海南			广西		四川	样本
	A1	A2	A3	A4	B1	B2	B3	C1	C2	D1	D2	总数
调查分发	90	80	90	60	100	60	50	50	60	90	70	800
调查收到	79	67	82	55	92	51	47	46	52	78	63	712
B组(直接主管完成的问卷)	广东				海南			广西		四川	样本
	A1	A2	A3	A4	B1	B2	B3	C1	C2	D1	D2	总数
调查分发	90	80	90	60	100	60	50	50	60	90	70	800
调查收到	61	50	62	55	71	37	38	31	40	70	41	556
可用净值	61	50	62	55	71	37	38	31	40	70	41	556

数据来源:自行整理。

第二节 人口统计背景的描述性统计

本节讨论受访者的人口统计背景,主要包含以下信息:(1)受访者的性别;(2)受访者的年龄;(3)受访者的教育程度;(4)受访者在酒店行业的担任年资;(5)就职酒店部门。相关人口统计资料如下:

表33 本书样本结构的描述性统计

	项目	频数	占比 /%	有效占比 /%	累计占比 /%
性别	男	196	35.3	35.3	35.3
	女	360	64.7	64.7	100
年龄	18～20岁	50	9.0	9.0	9.0
	21～30岁	365	65.6	65.6	74.6
	31～40岁	92	16.5	16.5	91.2
	41～50岁	35	6.4	6.4	97.5
	51岁及以上	14	2.5	2.5	100
教育程度	初中及以下	29	5.2	5.2	5.2
	高中/中专	73	13.1	13.1	18.3
	大专	172	30.9	30.9	49.3
	本科	245	44.1	44.1	93.3
	研究生及以上	37	6.7	6.7	100
担任年资	1年以内	204	36.7	36.7	36.7
	1～3年	176	31.7	31.7	68.3
	4～6年	78	14.0	14.0	82.4
	7～9年	42	7.6	7.6	89.9
	10年及以上	56	10.1	10.1	100
就职酒店部门	房务部(前厅部、客房部、行政酒廊等)	161	29.0	29.0	29.0
	餐饮部(餐厅、厨房)	190	34.2	34.2	63.1
	工程部	8	1.4	1.4	64.6
	行政办及人力资源部	68	12.2	12.2	76.8
	市场营销部及财务部	51	9.2	9.2	86.0
	康乐部	14	2.5	2.5	88.5
	防损(保安)部	24	4.3	4.3	92.8
	其他	40	7.2	7.2	100

数据来源：自行整理。

一、受访者性别

根据基本信息统计的结果，本书正式调查的最终有效问卷总量为556

份，其中共有196名男性受访者（35.3%）和360名女性受访者（64.7%）参与了这项研究，女性人数较多。

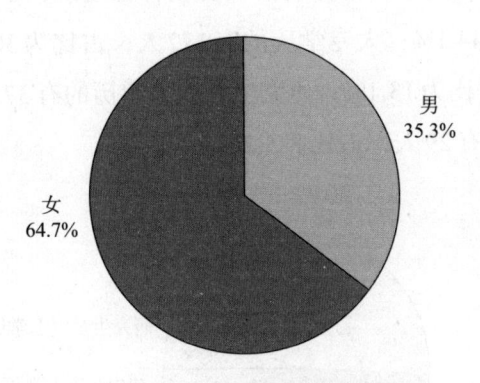

图11 受访者性别分布图

二、受访者年龄

对受访者的资料进行统计分析，受访者的年龄在21～30岁的有365人，占比为65.6%；31～40岁的受访者有92人，占比为16.5%；18～20岁的受访者有50人，占比为9.0%；41～50岁的受访者有35人，占比为6.4%；51岁及以上的受访者有14人，占比为2.5%。

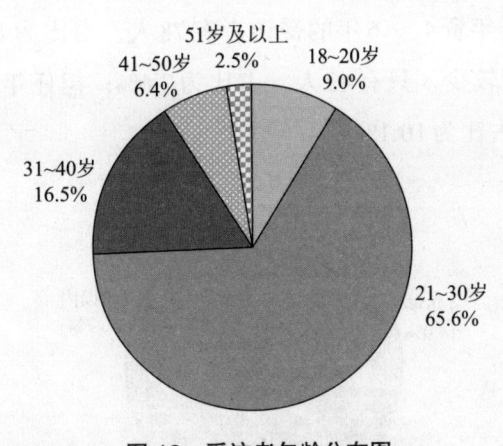

图12 受访者年龄分布图

三、受访者受教育程度

对受访者的资料进行统计分析,在受教育程度上,本科学历人数居多,有245人,占比为44.1%;大专学历的有172人,占比为30.9%;高中/中专学历的有73人,占比为13.1%;研究生及以上学历的有37人,占比为6.7%;初中及以下学历的有29人,占比为5.2%。

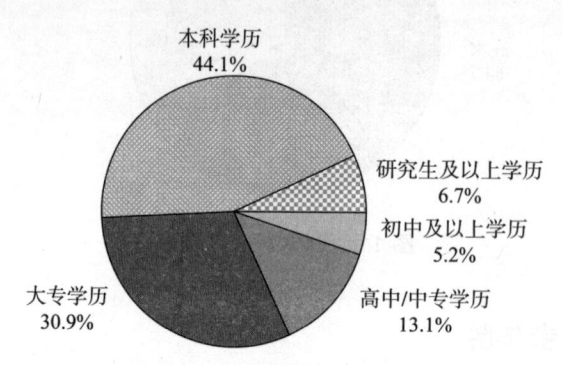

图13 受访者受教育程度分布图

四、受访者担任年资

根据正式问卷派发的资料统计,工作服务担任年资1年以内的受访者人数较多,有204人,占比为36.7%;担任年资1～3年的受访者有176人,占比为31.7%;担任年资4～6年的受访者有78人,占比为14.0%;担任年资7～9年的受访者较少,只有42人,占比为7.6%;担任年资10年及以上的受访者有56人,占比为10.1%。

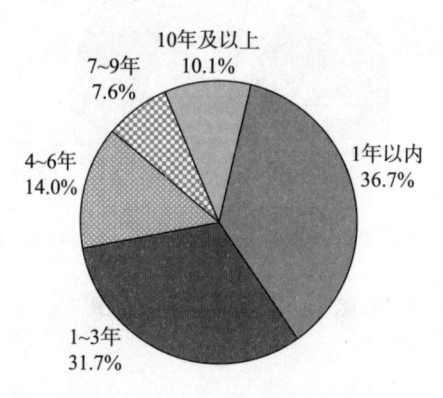

图14 受访者担任年资分布图

五、受访者就职酒店部门

对受访者的资料展开统计，分析受访者就职酒店部门的分布情况，结果发现来自酒店餐饮部（餐厅、厨房）的受访者最多，有190人，占比为34.2%；来自酒店房务部（前厅部、客房部、行政酒廊等）的受访者有161人，占比为29.0%；来自酒店行政办及人力资源部的受访者有68人，占比为12.2%；来自酒店市场营销部及财务部的受访者有51人，占比为9.2%；来自酒店康乐部的受访者有14人，占比为2.5%；来自酒店防损（保安）部的受访者有24人，占比为4.3%；来自酒店其他部门的受访者有40人，占比为7.2%；来自酒店工程部的受访者有8人，占比为1.4%。

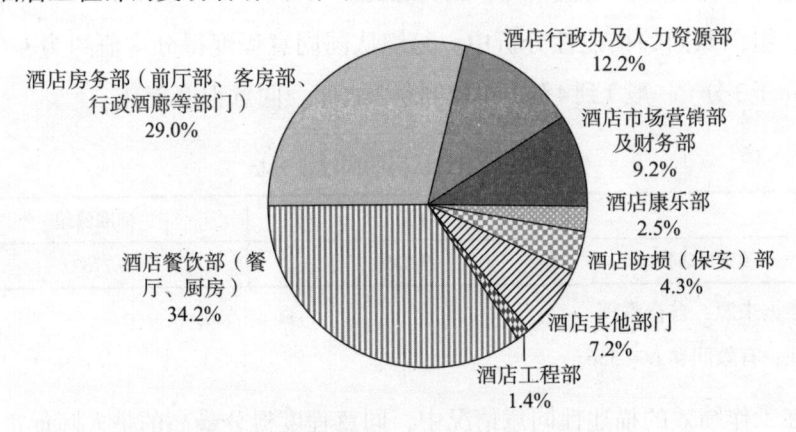

图15 受访者所就职的酒店部门分布图

第三节 对问卷答复的描述性分析

第二节报告了调查受访者的人口统计特征。本节将重点介绍受访者如何回答与研究模型构建（酒店员工-组织匹配、组织认同、工作绩效）相关的调查问题。对所有项目的回答均以5分的李克特量表展开，范围从1分（非常不同意）到5分（非常同意）。表34列出了项目的详细说明均值和标准偏差。以下描述性讨论基于每个建构和项目的平均分数。

表 34　酒店员工 – 组织匹配的描述性分析

	均值 / 分	标准偏差
价值观匹配	3.5294	0.92444
要求 – 能力匹配	3.2320	0.94553
需求 – 供给匹配	3.5018	0.93009

数据来源：自行整理。

注：有效问卷 N = 556。

酒店员工 – 组织匹配的描述性分析结果显示，同意程度较高的是价值观匹配，得分均值约为 3.53，其次是需求 – 供给匹配，得分均值约为 3.5。要求 – 能力匹配的得分均值较低，约为 3.23。

在组织认同的描述性分析中，组织认同同意程度得分均值约为 3.74 分，得分介于 3 分（一般）到 4 分（比较同意）之间。同意程度较高。

表 35　组织认同的描述性分析

	均值 / 分	标准偏差
组织认同	3.7359	0.77022

数据来源：自行整理。

注：有效问卷 N = 556。

在工作绩效的描述性同意情况中，同意程度得分最高的是人际促进，得分均值约为 3.98，处于比较同意的水平。其次是工作奉献，同意程度得分均值约为 3.93。任务绩效同意程度较低，约为 3.74。

表 36　工作绩效的描述性分析

	均值 / 分	标准偏差
任务绩效	3.7359	0.77022
工作奉献	3.9337	0.81474
人际促进	3.9825	0.84037

数据来源：自行整理。

注：有效问卷 N = 556。

第四节　单因子变异数分析（ANOVA）

一、受访者性别

本书进一步采用单因子方差分析研究不同性别受访人群在工作绩效感知方面的差异。通过数据的比对分析，不同性别的群体在工作绩效感知方面存在显著差异。利用 Amos 21.0 统计软件对"工作绩效"因变量展开方差齐性检验，Levene 统计量 $F=4.321$，$P=0.854>0.05$，没有达到显著水平，不拒绝虚无假设，群体样本的方差齐性。因此，受访者在工作绩效感知方面的评价不存在性别差异。具体比较数据参阅表37。

表37　不同性别的受访者的差异比较

（I）性别	（J）性别	均值差 (I−J)	标准误	显著性
男	女	−0.0097	0.0656	0.854

数据来源：自行整理。

二、受访者年龄段

本书进一步采用单因子方差分析研究不同年龄段受访群体在工作绩效感知方面的差异。通过数据的比对分析，不同年龄段在酒店工作的受访群体在工作绩效感知方面存在显著差异。利用 Amos 21.0 统计软件对"工作绩效"因变量展开单因子方差齐性检验，结果为 Levene 统计量 $F=1.048$，$P=0.382>0.05$，没有达到显著水平，不拒绝虚无假设，群体样本的方差齐性。因此，受访者在工作绩效感知方面的评价不存在年龄差异。具体比较数据参阅表38。

表38　不同年龄段的受访者的差异多重比较

（I）年龄	（J）年龄	均值差（I−J）	标准误	显著性
18～20岁	21～30岁	−0.08861	0.08916	0.321
	31～40岁	−0.11397	0.10389	0.273
	41～50岁	−0.17362	0.13031	0.183
	51岁及以上	0.14613	0.17878	0.414

续　表

（I）年龄	（J）年龄	均值差（I-J）	标准误	显著性
21～30岁	18～20岁	0.08861	0.08916	0.321
	31～40岁	-0.02536	0.06898	0.713
	41～50岁	-0.08501	0.10463	0.417
	51岁及以上	0.23473	0.16103	0.145
31～40岁	18～20岁	0.11397	0.10389	0.273
	21～30岁	0.02536	0.06898	0.713
	41～50岁	-0.05965	0.11743	0.612
	51岁及以上	0.2601	0.16962	0.126
41～50岁	18～20岁	0.17362	0.13031	0.183
	21～30岁	0.08501	0.10463	0.417
	31～40岁	0.05965	0.11743	0.612
	51岁及以上	0.31975	0.18698	0.088
51岁及以上	18～20岁	-0.14613	0.17878	0.414
	21～30岁	-0.23473	0.16103	0.145
	31～40岁	-0.2601	0.16962	0.126
	41～50岁	-0.31975	0.18698	0.088

数据来源：自行整理。

三、受访者受教育程度

本书进一步采用单因子方差分析研究不同受教育程度的受访群体在工作绩效感知方面的差异。通过数据的比对分析，不同受教育程度的受访群体在工作绩效感知方面存在显著差异。利用Amos 21.0统计软件对"工作绩效"因变量展开单因子方差齐性检验，Levene统计量$F=3.663$，$P=0.006<0.05$，达到显著水平，不拒绝虚无假设，群体样本的方差齐性。因此受访者在工作绩效感知方面评价存在显著的受教育程度差异。差异多重比较的结果显示，大专学历的调查对象的得分显著较高，初中及以下的显著较低。具体比较数据参阅表39。

表39 不同受教育程度的受访者的差异多重比较

（I）教育程度	（J）教育程度	均值差（I-J）	标准误	显著性
初中及以下	高中/中专	−0.41800*	0.12858	0.001
	大专	−0.42541*	0.11759	0
	本科	−0.36765*	0.11503	0.001
	研究生及以上	−0.27036	0.14528	0.063
高中/中专	初中及以下	0.41800*	0.12858	0.001
	大专	−0.00741	0.08183	0.928
	本科	0.05035	0.07811	0.519
	研究生及以上	0.14764	0.11821	0.212
大专	初中及以下	0.42541*	0.11759	0
	高中/中专	0.00741	0.08183	0.928
	本科	0.05776	0.05827	0.322
	研究生及以上	0.15505	0.10616	0.145
本科	初中及以下	0.36765*	0.11503	0.001
	高中/中专	−0.05035	0.07811	0.519
	大专	−0.05776	0.05827	0.322
	研究生及以上	0.09729	0.10332	0.347
研究生及以上	初中及以下	0.27036	0.14528	0.063
	高中/中专	−0.14764	0.11821	0.212
	大专	−0.15505	0.10616	0.145
	本科	−0.09729	0.10332	0.347

数据来源：自行整理。

注：* < 0.05。

四、受访者担任年资

本书进一步采用单因子方差分析研究不同担任年资的受访人群在工作绩效感知方面的差异。通过数据的比对分析，不同担任年资的受访者在工作绩效感知方面存在显著差异。利用 Amos 21.0 统计软件对"工作绩效"因变量展开方差齐性检验，Levene 统计量 $F=6.153$，$P=0.000<0.05$，达到显著水平，

不拒绝虚无假设，群体样本的方差齐性。因此，受访者在工作绩效感知方面存在显著差异。差异多重比较的结果显示，担任年资7～9年的得分显著较高，担任年资1年以内的得分显著较低。具体比较数据参阅表40。

表40 不同担任年资的受访者的差异多重比较

（I）担任年资	（J）担任年资	均值差（I-J）	标准误	显著性
1年以内	1～3年	−0.18140*	0.05974	0.003
	4～6年	−0.22765*	0.07731	0.003
	7～9年	−0.36755*	0.0984	0
	10年及以上	−0.28921*	0.0876	0.001
1～3年	1年以内	0.18140*	0.05974	0.003
	4～6年	−0.04624	0.07899	0.558
	7～9年	−0.18615	0.09972	0.062
	10年及以上	−0.1078	0.08909	0.227
4～6年	1年以内	0.22765*	0.07731	0.003
	1～3年	0.04624	0.07899	0.558
	7～9年	−0.13991	0.11114	0.209
	10年及以上	−0.06156	0.10171	0.545
7～9年	1年以内	0.36755*	0.0984	0
	1～3年	0.18615	0.09972	0.062
	4～6年	0.13991	0.11114	0.209
	10年及以上	0.07835	0.11853	0.509
10年及以上	1年以内	0.28921*	0.0876	0.001
	1～3年	0.1078	0.08909	0.227
	4～6年	0.06156	0.10171	0.545
	7～9年	−0.07835	0.11853	0.509

数据来源：自行整理。

注：* <0.05。

五、受访者就职的酒店部门

本书进一步采用单因子方差分析研究受访人群在工作绩效感知方面的差异。通过数据的比对分析，受访者在工作绩效感知方面存在显著差异。利用Amos 21.0统计软件对"工作绩效"因变量展开方差齐性检验，Levene统计

量 $F=3.317$，$P=0.002<0.05$，达到显著水平，不拒绝虚无假设，群体样本的方差齐性。因此，受访人群在工作绩效感知方面存在显著差异。差异多重比较的结果显示，防损（保安）部、行政办及人力资源部的抽样调查对象的得分显著较高，房务部（前厅部、客房部、行政酒廊等）的显著较低。具体比较数据参阅表41。

表41 不同就职的酒店部门受访者的差异多重比较

（I）酒店所属部门	（J）酒店所属部门	均值差（I-J）	标准误	显著性
房务部（前厅部、客房部、行政酒廊等）	餐饮部（餐厅、厨房）	-0.018	0.06244	0.773
	酒店工程部	-0.0631	0.21115	0.765
	酒店行政办及人力资源部	-0.23172*	0.08431	0.006
	酒店市场营销部及财务部	-0.06074	0.09367	0.517
	酒店康乐部	-0.05658	0.16242	0.728
	酒店防损（保安）部	-0.39274*	0.12755	0.002
	酒店其他部门	0.18609	0.10298	0.071
餐饮部（餐厅、厨房）	房务部（前厅部、客房部、行政酒廊等）	0.018	0.06244	0.773
	酒店工程部	-0.0451	0.21039	0.83
	酒店行政办及人力资源部	-0.21372*	0.08237	0.01
	酒店市场营销部及财务部	-0.04274	0.09193	0.642
	酒店康乐部	-0.03858	0.16143	0.811
	酒店防损（保安）部	-0.37474*	0.12628	0.003
	酒店其他部门	0.20409*	0.10141	0.045
酒店工程部	房务部（前厅部、客房部、行政酒廊等）	0.0631	0.21115	0.765
	餐饮部（餐厅、厨房）	0.0451	0.21039	0.83
	酒店行政办及人力资源部	-0.16862	0.21788	0.439
	酒店市场营销部及财务部	0.00236	0.22167	0.992
	酒店康乐部	0.00652	0.25835	0.98
	酒店防损（保安）部	-0.32964	0.23798	0.167
	酒店其他部门	0.24919	0.22576	0.27

续 表

(I)酒店所属部门	(J)酒店所属部门	均值差(I–J)	标准误	显著性
酒店行政办及人力资源部	房务部(前厅部、客房部、行政酒廊等)	0.23172*	0.08431	0.006
	餐饮部(餐厅、厨房)	0.21372*	0.08237	0.01
	酒店工程部	0.16862	0.21788	0.439
	市场营销部及财务部	0.17098	0.10798	0.114
	酒店康乐部	0.17514	0.17108	0.306
	酒店防损(保安)部	−0.16102	0.1384	0.245
	酒店其他部门	0.24721	0.21236	0.146
酒店市场营销部及财务部	房务部(前厅部、客房部、行政酒廊等)	0.06074	0.09367	0.517
	餐饮部(餐厅、厨房)	0.04274	0.09193	0.642
	工程部	−0.00236	0.22167	0.992
	酒店行政办及人力资源部	−0.17098	0.10798	0.114
	酒店康乐部	0.00416	0.17588	0.981
	酒店防损(保安)部	−0.33200*	0.14429	0.022
	酒店其他部门	0.24683*	0.12312	0.045
酒店康乐部	房务部(前厅部、客房部、行政酒廊等)	0.05658	0.16242	0.728
	餐饮部(餐厅、厨房)	0.03858	0.16143	0.811
	酒店工程部	−0.00652	0.25835	0.98
	酒店行政办及人力资源部	−0.17514	0.17108	0.306
	酒店市场营销部及财务部	−0.00416	0.17588	0.981
	酒店防损(保安)部	−0.33616	0.19603	0.087
	酒店其他部门	0.24267	0.18101	0.181
酒店防损(保安)部	房务部(前厅部、客房部、行政酒廊等)	0.39274*	0.12755	0.002
	餐饮部(餐厅、厨房)	0.37474*	0.12628	0.003
	酒店工程部	0.32964	0.23798	0.167
	酒店行政办及人力资源部	0.16102	0.1384	0.245
	酒店市场营销部及财务部	0.33200*	0.14429	0.022
	酒店康乐部	0.33616	0.19603	0.087
	酒店其他部门	0.57883*	0.15051	0

续 表

(I)酒店所属部门	(J)酒店所属部门	均值差(I-J)	标准误	显著性
酒店其他部门	房务部（前厅部、客房部、行政酒廊等）	-0.18609	0.10298	0.071
	餐饮部（餐厅、厨房）	-0.20409*	0.10141	0.045
	酒店工程部	-0.24919	0.22576	0.27
	酒店行政办及人力资源部	-0.41781*	0.11615	0
	酒店市场营销部及财务部	-0.24683*	0.12312	0.045
	酒店康乐部	-0.24267	0.18101	0.181
	酒店防损（保安）部	-0.57883*	0.15051	0

数据来源：自行整理。

注：* < 0.05。

第五节　模型测量分析

本节讨论测量模型的分析。如第三章所述，在展开结构模型分析之前必须对测量展开评估。测量模型分析侧重于识别如下所述的两个项目：（1）建构与项目之间的关系；（2）建构之间的相关关系。Hair 等（2009）建议把 0.708 作为负荷的适当阈值，进一步提倡取消指标可以改善 AVE，从而加强对收敛和判别效度的评估。本书利用 Amos 21.0 统计软件，采用极大似然法，对样本数据展开验证性因子分析（CFA），对问卷的结构和数据展开验证分析。针对酒店员工－组织匹配的三个维度（价值观匹配、要求－能力匹配、需求－供给匹配）、工作绩效的三个维度（任务绩效、工作奉献、人际促进）和组织认同，展开结构方程模式关系的探讨，以验证酒店员工－组织匹配、组织认同、工作绩效具有显著因果关系是否成立，以及是否具有显著因果关系乃须透过结构方程模式适合度之评鉴。

在对结构模型展开评估前，本书将先对测量模型展开相应的验证。在运用验证性因子分析（CFA）对模型适配度展开评价时，能考虑对于多方面指标的权衡性评估，如增值拟合指数（Incremental Fit Index，IFI）、比较拟合指数（Comparative Fit Index，CFI）以及简约拟合指数（Parsimony-Adjusted NFI，PNFI）等。

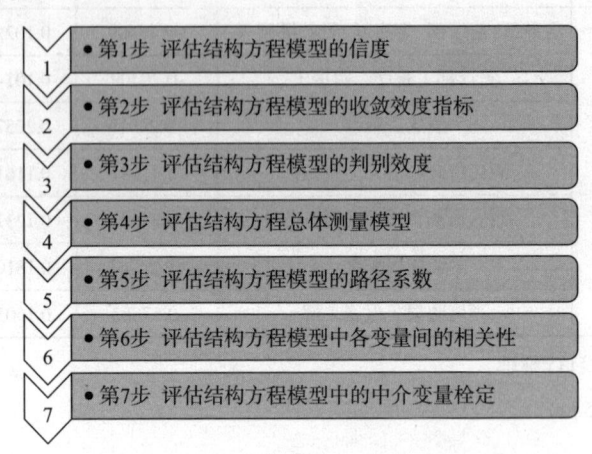

- 1 ● 第1步 评估结构方程模型的信度
- 2 ● 第2步 评估结构方程模型的收敛效度指标
- 3 ● 第3步 评估结构方程模型的判别效度
- 4 ● 第4步 评估结构方程总体测量模型
- 5 ● 第5步 评估结构方程模型的路径系数
- 6 ● 第6步 评估结构方程模型中各变量间的相关性
- 7 ● 第7步 评估结构方程模型中的中介变量检定

图16 评估结构模型的流程

数据来源：Hayes（2015）和 Hair 等（2017）。

在对结构模型展开评估之前，对测量模型展开了验证。在运用验证性因子分析（CFA）对模型拟合指数展开评价时，最好能同时考虑增值拟合指数、比较拟合指数、简约拟合指数多个方面指标：

（1）卡方自由度比，通过 Amos 21.0 统计软件对本次研究数据分析，输出结果 CMIN/DF。当该指针数据值小于5时，表示该模型的拟合指数良好；当该指针数据值大于5时，则表示该模型拟合指数不佳。

（2）RMR 数值（Root Mean Square Residual），该指针数据值代表适配残差方程协方差的均值的平方根，RMR 值越小表示模型的拟合指数越佳。

（3）RMSEA 数值（Root Mean Square Error of Approximation），该指针数据值代表不需要基线模型的绝对性指针。该指针数据值越小，表示该数据方程模型的拟合指数越佳。当该指针的数据值介于0.08～0.10时，表示该模型尚可且具有普通适配；当该指标的数值介于0.05～0.08时，则表示该模型拟合的指数良好并显示出合理适配；当该指针的数据值小于0.05时，表示模型拟合指数非常好。

（4）IFI 与 CFI 属于对样本数据作拟合指数统计量。对本次研究数据分析后，通常将待检验的假设理论模型与基线模型的拟合指数展开相互比较，并且作为一种相对性指针，以判别模型的匹配度，数据值越接近1表示模型越匹配。

（5）PNFI属于简约拟合指数的调整指标，其数据值应在0.50以上。

一、评估结构方程模型的信度

Cronbach's α 用于评估结构信度，其假设所有指标都同样可靠，这表明建构上指标的加载必须相等。但是，Hair（1998）强调优先级是个体指标的信度，这进一步表明 Cronbach's α 可能不是衡量信度的适当方法。因此，Hair（1998）建议使用组合信度替代内部一致性的度量，以其测量单个指标的信度。信度越高表示该问卷构念的内部一致性越高，组合信度应大于0.5（Hair et al., 2017）。表42说明了每种构念的组合信度检验统计量（临界比，Critical Ratio）。本书的组合信度检验统计量值分别为0.902（价值观匹配）、0.876（需求-供给匹配）、0.887（要求-能力匹配）、0.938（任务绩效）、0.944（工作奉献）、0.948（人际促进）、0.891（组织认同），从而表明这些构念适配的组合信度良好。

表42　因子模型结构效度

潜变量	观察变量	因子载荷	P	组合信度	AVE	收敛有效性（AVE>0.5）
价值观匹配	Q1_R3	0.831		0.902	0.755	是
	Q1_R2	0.89	***			
	Q1_R1	0.885	***			
需求-供给匹配	Q1_R6	0.828		0.876	0.701	是
	Q1_R5	0.858	***			
	Q1_R4	0.826	***			
要求-能力匹配	Q1_R9	0.834		0.887	0.724	是
	Q1_R8	0.868	***			
	Q1_R7	0.85	***			

续 表

潜变量	观察变量	因子载荷	P	组合信度	AVE	收敛有效性 (AVE > 0.5)
任务绩效	Q2_R1	0.787		0.938	0.628	是
	Q2_R2	0.831	***			
	Q2_R3	0.734	***			
	Q2_R4	0.802	***			
	Q2_R5	0.814	***			
	Q2_R6	0.711	***			
	Q2_R7	0.762	***			
	Q2_R8	0.858	***			
	Q2_R9	0.823	***			
工作奉献	Q2_R10	0.85		0.944	0.677	是
	Q2_R11	0.866	***			
	Q2_R12	0.859	***			
	Q2_R13	0.847	***			
	Q2_R14	0.768	***			
	Q2_R15	0.807	***			
	Q2_R16	0.804	***			
	Q2_R17	0.777	***			
人际促进	Q2_R24	0.836		0.948	0.722	是
	Q2_R23	0.836	***			
	Q2_R22	0.894	***			
	Q2_R21	0.865	***			
	Q2_R20	0.883	***			
	Q2_R19	0.828	***			
	Q2_R18	0.802	***			
组织认同	Q3_R1	0.658		0.891	0.578	是
	Q3_R2	0.752	***			
	Q3_R3	0.787	***			
	Q3_R4	0.794	***			
	Q3_R5	0.79	***			
	Q3_R6	0.773	***			

数据来源：自行整理。

注：标准为组合信度值 >0.708，AVE>0.5。

二、评估结构方程模型的收敛效度

收敛效度可以衡量各观察变量与其潜在变量之间的因素负荷量,并评估所有测量题项彼此间的一致性程度。所以,因素负荷量应大于0.5(Fornell and Larcker,1981)。

(一)检验平均变异数抽取量(AVE)

对平均变异数抽取量的测量能反映构面(维度)内部的质量,平均变异数抽取量的数值越高,表示该指标变异数可解释潜在变量的程度越高(Hayes,2015)。

本书对实际调查的数据展开运算,本次的分析结果显示,本模型由7个因子构成。其中,各个题项的标准化因素负荷量值均大于0.5,临界比率均大于1.96,数据指针值均在0.001水平上显著;各因子的组合信度均大于0.7,说明本模型的组合信度非常好。此外,各因子的平均方差抽取量AVE值均大于0.5,本模型收敛效度比较高。

在对因子模型的适配指针检测结果中,卡方自由度比值为2.488,小于5.000,这表示本模型的拟合指数良好。并且,从其他拟合指数指标观测中,本书发现所有指标均已达到适配标准,进而显示在总体上模型的拟合情况较佳,说明本书中的假设理论模型与实际抽样观测的数据之间的匹配程度较高。所以,本次测试说明模型结果较有说服力。

(二)检验各构念间潜在变量区别效度

区别效度是显示每个构念所代表的潜在特质,与其他构念所代表的潜在特质间是否具有低度相关或有显著差异存在。本书利用单群体中的两个模式之间的考验方式,将二者分别作限制模式(注意:对潜在构念间的共变关系不作限制,并且把潜在构念间的公变参数作为自由估计参数);进而对两个模式展开卡方值的差异比较,卡方值的差异在符合范围内且值越大,表示两模式间越存在显著差异(吴明隆,2014)。现在验证两潜在变量之间的区别效度，若未限制的卡方值越小，则表示两者间区别效度越高。

（1）价值观匹配与需求–供给匹配区别效度

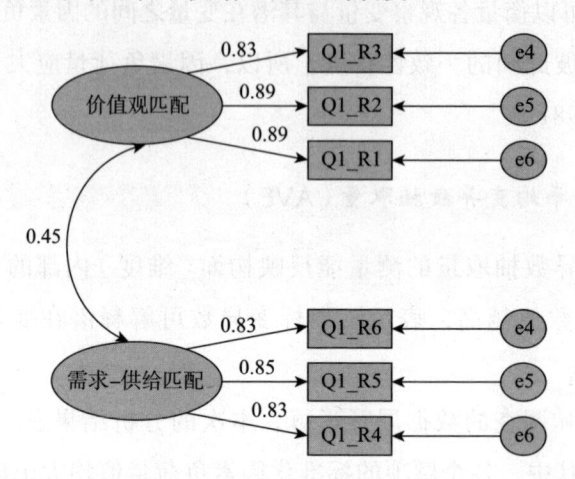

图17 价值观匹配与需求–供给匹配区别效度受限制模式图

CMIN/DF=2.237，RMSEA=0.047，P=0.022，GFI=0.989，AGFI=0.972，CFI=0.995，PNFI=0.529。卡方自由度比值为2.237，小于5.000，显示出本模型的（适配度指标）拟合指数良好。

本次数据分析观测的其他（适配度指标）拟合指数指针均表现良好，模型处于可接受水平。

（2）价值观匹配与要求–能力匹配区别效度

CMIN/DF=2.578，RMSEA=0.053，P=0.008，GFI=0.988，AGFI=0.968，CFI=0.994，PNFI=0.528。卡方自由度比值为2.578，小于5.000，显示出本模型的（适配度指标）拟合指数良好。

本次数据分析观测中的其他（适配度指标）拟合指数指针表现良好，模型处于可接受水平。

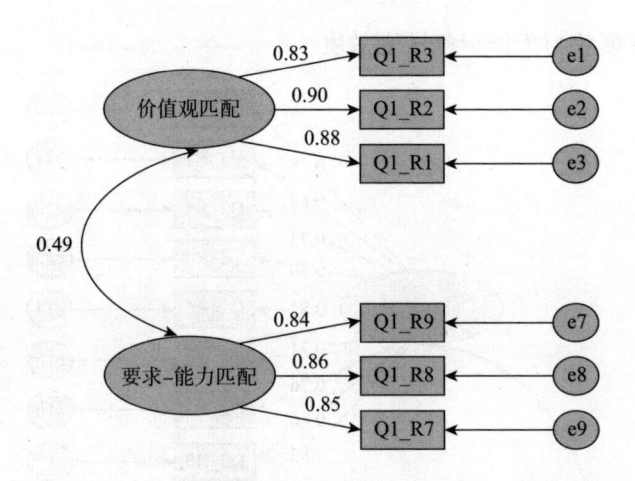

图18　价值观匹配与要求－能力匹配区别效度受限制模式图

（3）需求－供给匹配与要求－能力匹配区别效度

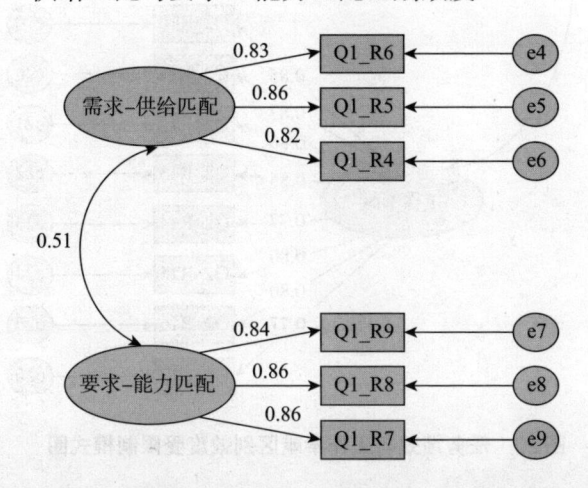

图19　需求－供给匹配与要求－能力匹配区别效度受限制模式图

CMIN/DF=1.11，RMSEA=0.014，P=0.352，GFI=0.995，AGFI=0.986，CFI=0.999，PNFI=0.531。卡方自由度比值为1.11，小于5.000，显示出本模型的（适配度指标）拟合指数良好。

本次数据分析观测中的其他（适配度指标）拟合指数指针表现良好，模型处于可接受水平。

（4）任务绩效与工作奉献区别效度

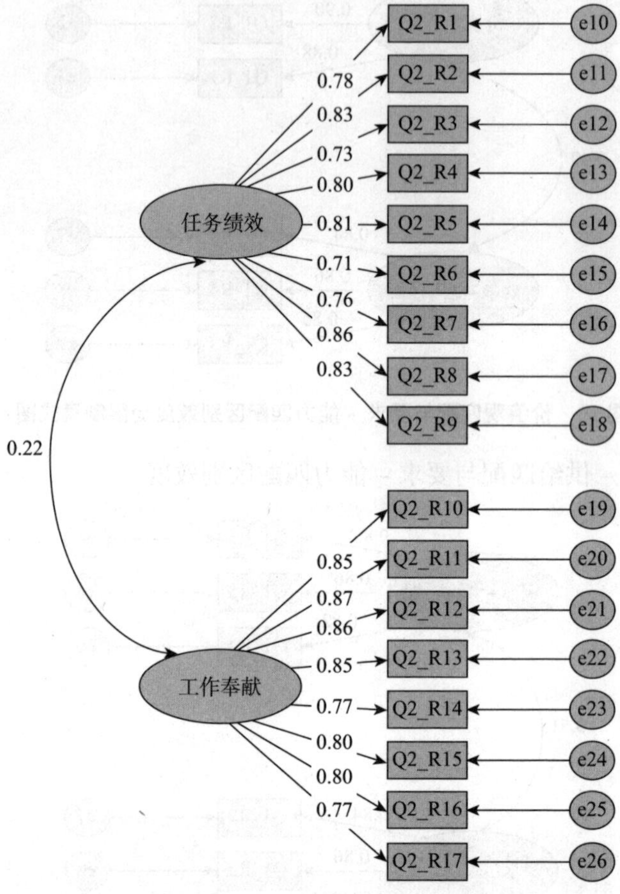

图20　任务绩效与工作奉献区别效度受限制模式图

CMIN/DF=4.107，RMSEA=0.075，P=0.000，GFI=0.907，AGFI=0.88，CFI=0.95，PNFI=0.811。卡方自由度比值为4.107，小于5.000，显示出本模型的拟合指数良好。

本次数据分析观测中的其他拟合指数指针表现良好，模型处于可接受水平。

（5）任务绩效与人际促进区别效度

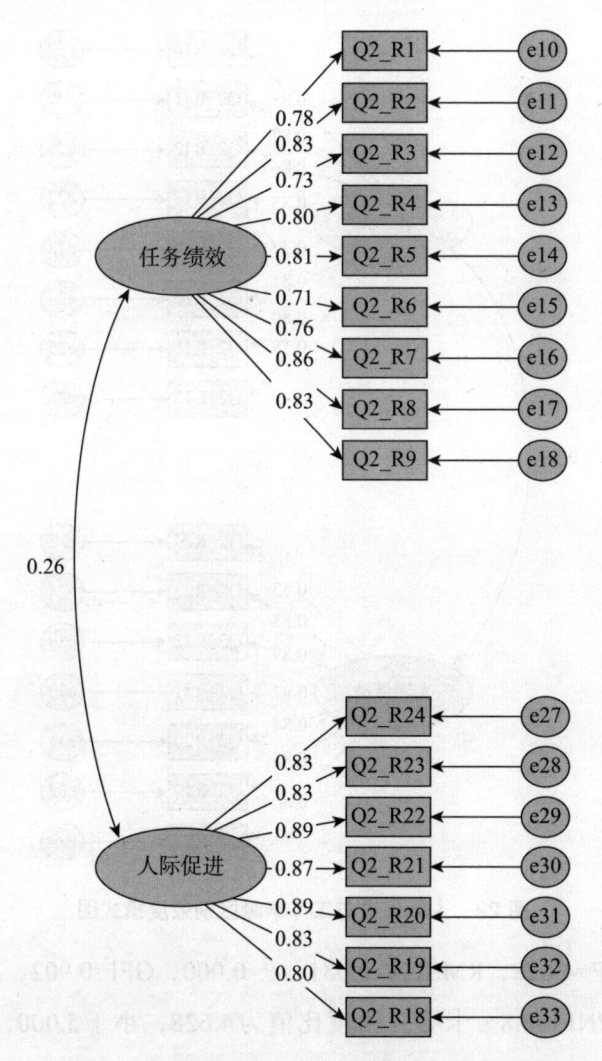

图 21　任务绩效与人际促进区别效度模式图

CMIN/DF=5.403，RMSEA=0.089，P=0.000，GFI=0.879，AGFI=0.84，CFI=0.938，PNFI=0.794。卡方自由度比值为 5.403，大于 5.000，显示出本模型的拟合指数良好。

本次数据分析观测中的其他拟合指数指针表现良好，模型处于可接受水平。

（6）人际促进与工作奉献区别效度

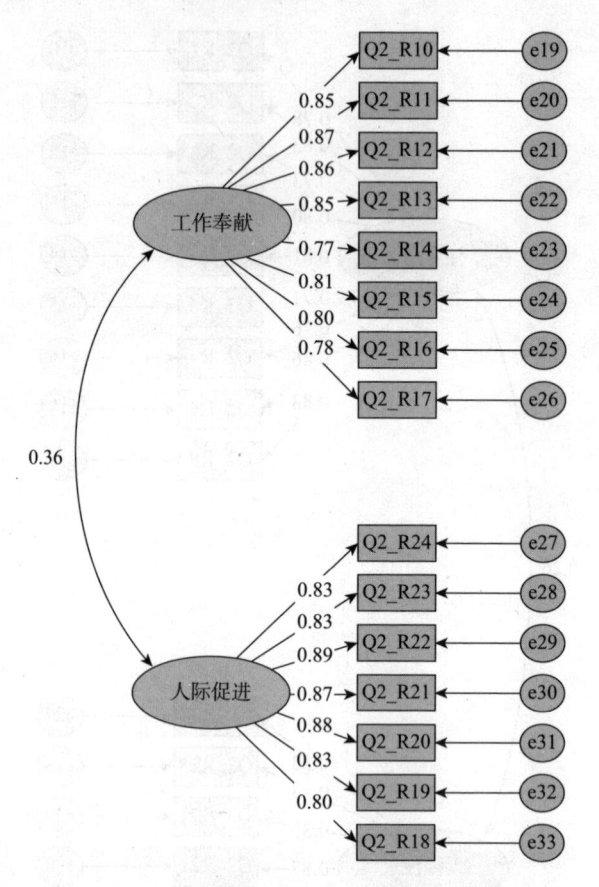

图 22　人际促进与工作奉献区别效度模式图

CMIN/DF=4.628，RMSEA=0.081，P=0.000，GFI=0.902，AGFI=0.868，CFI=0.955，PNFI=0.8。卡方自由度比值为4.628，小于5.000，显示出本模型的（适配度指标）拟合指数良好。

本次数据分析观测中的其他（适配度指标）拟合指数指针表现良好，模型处于可接受水平。

三、评估结构方程模型的判别效度

展开判别效度分析以确保各个建构彼此真正不同。评价判别效度的方法是基于 Fornell 和 Larcker（1981）的标准，通过将两个因素的 AVE 值的平方根与相同因素之间的相关估计（r）展开比较，进一步评估试验。如果 AVE 的平方根在对角线中显示的值大于该特定构面（维度）的行和列中的值，则表明所有的构面（维度）彼此是不同的，每个维度的 AVE 平方根大于各因子的相关估计，显示出判别有效性。

在本书的背景下，从概念上和理论上，酒店员工－组织匹配、组织认同、工作绩效的每个结构定义都不同，是为了确定在实证研究中对各个建构展开明显的判别分析。尤其值得注意的是，在使用交叉加载来评估判别效度时，每个比例项应该在其自身建构上加载较高而在其他建构上较低。表43描述了通过比较酒店员工－组织匹配、组织认同、工作绩效构念之间的交叉载荷来展开判别分析的方法。

表43　酒店员工－组织匹配、组织认同、工作绩效的相关矩阵的判别效度

AVE 平方根	价值观匹配	需求－供给匹配	要求－能力匹配	任务绩效	工作奉献	人际促进	组织认同
价值观匹配	0.869						
需求－供给匹配	0.455	0.837					
要求－能力匹配	0.493	0.509	0.851				
任务绩效	0.354	0.369	0.395	0.792			
工作奉献	0.308	0.345	0.366	0.368	0.823		
人际促进	0.405	0.356	0.432	0.353	0.36	0.850	
组织认同	0.499	0.46	0.555	0.445	0.215	0.263	0.760

数据来源：自行整理。

注：对角线为相应潜变量的平均方差抽取量 AVE 的正平方根，而对角线下方为各潜变量之间的相关系数。

本次数据分析观测到的潜变量的最小平均方差抽取量 AVE 的正平方根均大于相对应的相关系数，进而说明各潜变量间具有较好的区分效度。因此，本书的问卷（量表）的结构模型组合信度与结构效度均良好，与实际抽样的数据匹配度较高。

第六节 结构方程模型检验

本节揭示本书结构方程模型评估的结果。结构方程模型往往包括测量模型和结构模型两种基本模式。测量模型由观察变量和潜变量组成，能显示出观察变量和潜变量之间的关系。结构模型则能进一步显示出各潜变量间的相关程度。结构方程模型应同时展开且有多个因变量，并容许参数及因变量均含有测量误差等特征。所以，通过对各变量间内在结构的关系的探寻，进一步验证某种结构的关系，并且对模型展开其假设的合理性与模型适配性判断。为了能同时呈现出潜变量的衡量效果和观察变量间的因果关系，本书对结构方程模型，特别是测量模型展开了验证假设。

本书通过对测量模型的验证发现，各构面（维度）信度、收敛效度与区别效度的评估值均已达到可接受的水平。所以，本书以单一的衡量指标来取代多重的衡量指标应是可行的，且酒店员工 - 组织匹配、工作绩效两个量表皆包含了数个子构面（维度），所以在结构模型中，把各子构面（维度）的衡量题项的得分的平均值作为该子构面（维度）的得分。

一、评估结构方程总体测量模型

对模型展开测量评估的目的在于评估指标和构念之间的关系，包括确定构念之间的相关关系，以确保研究中的每个构念与另一个构念不同。本书所开展的三次评估如下：（1）组合信度评估；（2）收敛效度评估；（3）判别效度评估。如表42所示，所有构建成功地满足评估组合信度的最小阈值标准（复合信度得分 >0.708）。在收敛效度的评估中，每个构念满足 AVE>0.5 的最低要求和超过 0.708 的因子载荷，使用 Fornell 和 Larcker（1981）的标准作交叉负载比较，评估判别效度。本书中的每个构念都显示出彼此的不同。下文将讨论本书的结构模型评估。

本书采用问卷调查得到的资料，利用 Amos 21.0 统计软件，采用极大似然法展开验证性因子分析（CFA），对问卷的结构和数据展开结构方程模式验证分析。对酒店员工 - 组织匹配的三个维度（价值观匹配、要求 - 能力匹配、需求-供给匹配)、工作绩效的三个维度(任务绩效、工作奉献、人际促进)和组织认同,展开了结构方程模式关系的相关探讨,并验证酒店员工-组织匹配、组织认同、工作绩效是否具有显著的因果关系,以及是否具有显著的因果关系需通过结构方程模式的适合度来评鉴。在对结构模型展开评估之前,本书对测量模型展开了验证。

通过验证性因子分析(CFA)对本模型作拟合指数评价时,应同时考虑展开增值拟合指数(IFI)、比较拟合指数(CFI)、简约拟合指数(PNFI)多个方面指标。

从验证性因子分析(CFA)所得出的验证模型拟合情况结果如表44所示:本书参考吴明隆(2014)建议的整体模型拟合指数(Overall Model Fit Index)评价指标,包括卡方值 χ^2 与自由度(DF)比值、适配度指标(GFI)、调整的适配度指标(AGFI)、近似均方根误差(RMSEA)、比较适配度指标(CFI)等。本书模式卡方值 χ^2 与自由度(DF)比值为2.488,小于5.000;适配度指标(GFI)为0.857;调整的适配度指标(AGFI)为0.836;近似均方根误差(RMSEA)为0.052;比较适配度指标(CFI)为0.939。整体相关指标数值都在可接受范围内,模型处于可接受的水平。

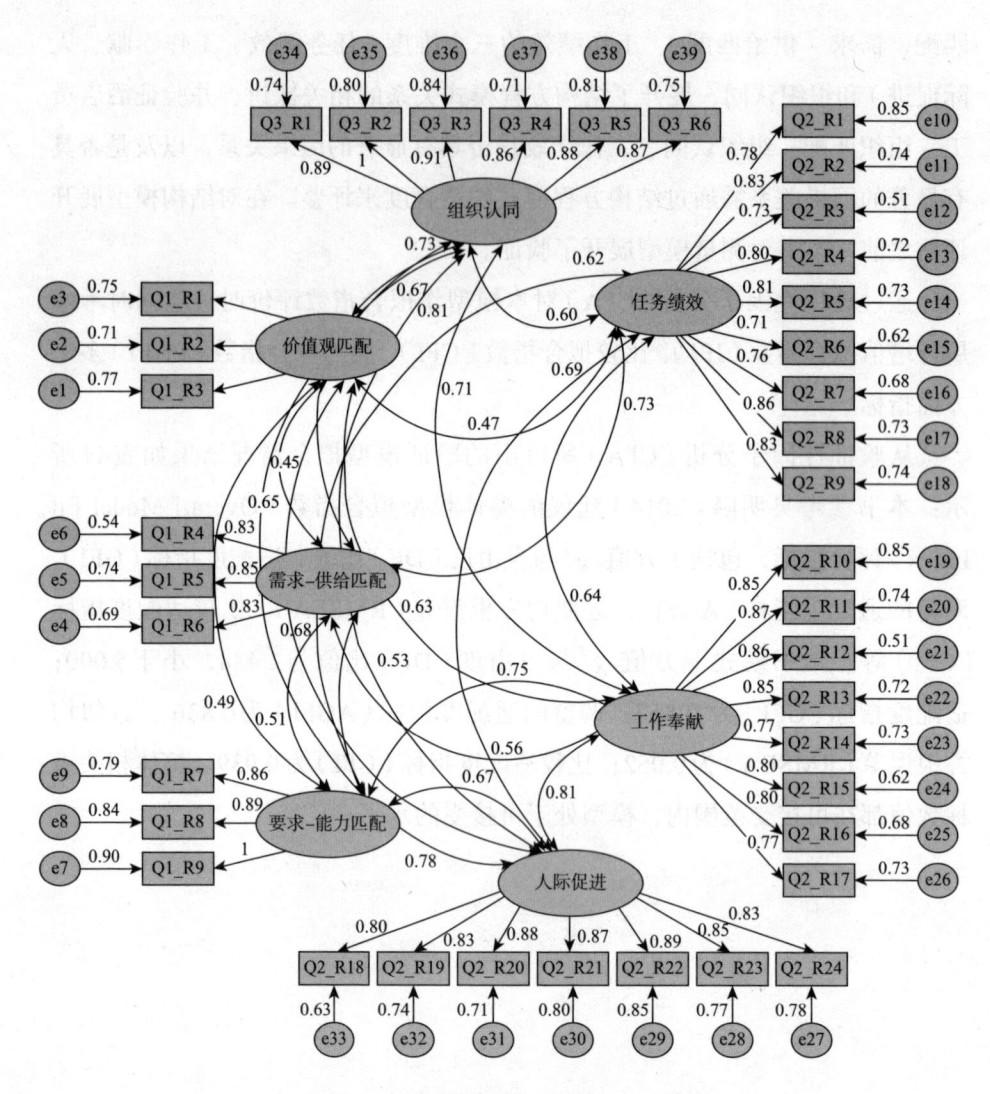

图23 结构模型各构面整体CFA检验

表44 验证性因子分析（CFA）模型拟合指数分析

拟合指数检验指标	适配标准	模型结果	结论
卡方值 χ^2 与自由度（DF）比值	<5	2.488	尚佳
适配度指标（GFI）	>0.90	0.857	符合
调整的适配度指标（AGFI）	>0.90	0.836	符合
非基准适配度指标（TLI）	>0.90	0.934	尚佳

续 表

拟合指数检验指标	适配标准	模型结果	结论
近似均方根误差（RMSEA）	<0.08	0.052	尚佳
均方根残差（RMR）	<0.08	0.041	尚佳
比较适配度指标（CFI）	>0.90	0.939	尚佳
增值拟合指数（IFI）	>0.90	0.939	尚佳
简约拟合指数（PNFI）	>0.50	0.83	尚佳

数据来源：自行整理。

以下依据研究目的与研究假设，建立理论模型的路径。理论模型涵盖3个观察因变量，3个观察参数，1个中介变量。本书依此展开理论模型的验证。在整体模型拟合指数分析中，初始结果显示，部分个别适配测量指标的评鉴结果未达到尚佳水平。因此，必须同时考虑其他适配测量指标的评鉴结果。最后，整体模型拟合指数评鉴结果显示，理论模型与观察数据之间仍然具有可接受的一致性，并且已达到可接受的标准，显示本书建构的模型可用来解释实际的抽样观察数据。

二、结构模型的路径检定

结构模型中有7个潜在构面（维度），包括要求－能力匹配、需求－供给匹配、价值观匹配、任务绩效、工作奉献、人际促进、组织认同，共开发了31个假设来检验构建体之间的直接关系。关系假设如下：

H1：酒店员工－组织匹配对组织认同具有正向影响

H1a：酒店员工的价值观匹配对组织认同具有正向影响

H1b：酒店员工的需求－供给匹配对组织认同具有正向影响

H1c：酒店员工的要求－能力匹配对组织认同有正向影响

H2：酒店员工－组织匹配对工作绩效具有正向影响

H2a：酒店员工－组织匹配对任务绩效具有正向影响

H2a-1：酒店员工的价值观匹配对任务绩效具有正向影响

H2a-2：酒店员工的需求－供给匹配对任务绩效具有正向影响

H2a-3：酒店员工的要求－能力匹配对任务绩效具有正向影响

H2b：酒店员工－组织匹配对工作奉献具有正向影响

H2b-1：酒店员工的价值观匹配对工作奉献具有正向影响

H2b-2：酒店员工的需求－供给匹配对工作奉献具有正向影响

H2b-3：酒店员工的要求－能力匹配对工作奉献具有正向影响

H2c：酒店员工－组织匹配对人际促进具有正向影响

H2c-1：酒店员工的价值观匹配对人际促进具有正向影响

H2c-2：酒店员工的需求－供给匹配对人际促进具有正向影响

H2c-3：酒店员工的要求－能力匹配对人际促进具有正向影响

H3：组织认同对酒店员工工作绩效具有正向影响

H3a：组织认同对酒店员工任务绩效具有正向影响

H3b：组织认同对酒店员工工作奉献具有正向影响

H3c：组织认同对酒店员工人际促进具有正向影响

根据本书的假设需要，构建了研究结构方程模型路径模型图，如图24所示。

路径分析模型的卡方自由度比值为2.499，小于5.000，显示出本模型拟合指数良好，并且其他的拟合指数指标均处于可接受的水平，模型结果较有说服力。对各因变量潜变量解释度R^2展开分析，效果良好。变量R^2值如下：人际促进（0.28），工作奉献（0.196），任务绩效（0.224），组织认同（0.395）。对每一个假设的直接关系作共同有效的评估路径。根据检测结果，只有几个假设的关系被认为是重要的。假设在99%的置信区间（$p<0.05$）被认为是显著的。因此，模型仅支持一些关于构念之间关系的假设。

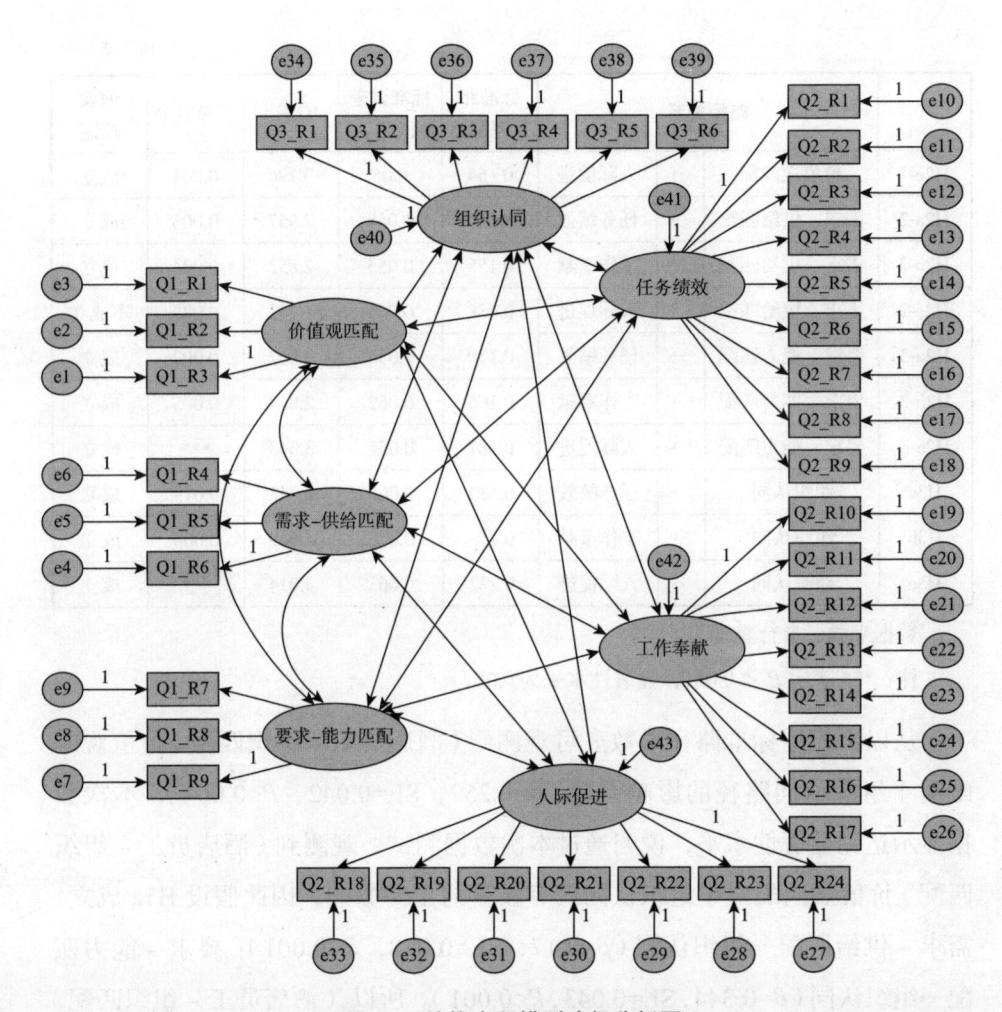

第四章 基于组织认同视角的酒店员工——组织匹配与工作绩效实证分析

图24 结构方程模型路径分析图

表45 模型标准路径系数表

路径关系			标准路径系数 ß	标准误差（SE）	C.R.	显著性 P	假设检定
H1a	价值观匹配	→ 组织认同	0.252	0.042	5.061	***	成立
H1b	需求-供给匹配	→ 组织认同	0.17	0.038	3.385	***	成立
H1c	要求-能力匹配	→ 组织认同	0.344	0.043	6.365	***	成立
H2a-1	价值观匹配	→ 任务绩效	0.128	0.053	2.415	0.016	成立
H2b-1	价值观匹配	→ 工作奉献	0.083	0.06	1.544	0.123	不成立

141

续表

路径关系			标准路径系数 β	标准误差（SE）	C.R.	显著性 P	假设检定
H2c-1	价值观匹配	→	人际促进	0.164	0.05	3.194	0.001	成立
H2a-2	需求-供给匹配	→	任务绩效	0.16	0.048	2.957	0.003	成立
H2b-2	需求-供给匹配	→	工作奉献	0.155	0.055	2.852	0.004	成立
H2c-2	需求-供给匹配	→	人际促进	0.088	0.045	1.712	0.087	不成立
H2a-3	要求-能力匹配	→	任务绩效	0.178	0.054	3.062	0.002	成立
H2b-3	要求-能力匹配	→	工作奉献	0.166	0.062	2.817	0.005	成立
H2c-3	要求-能力匹配	→	人际促进	0.187	0.051	3.343	***	成立
H3a	组织认同	→	任务绩效	0.132	0.066	2.343	0.019	成立
H3b	组织认同	→	工作奉献	0.153	0.076	2.669	0.008	成立
H3c	组织认同	→	人际促进	0.222	0.063	4.014	***	成立

数据来源：自行整理。

注：*** 表示 $P < 0.001$，显著性水平为 0.05。

从以上模型标准路径系数表可观测到（酒店员工-组织匹配）价值观匹配对于组织认同路径的影响系数（$β=0.252$，$SE=0.042$，$P<0.001$），本次数据显示达到显著性水平，说明通过本次数据测试，观测到（酒店员工-组织匹配）价值观匹配对于组织认同具有显著的正向影响，因此假设 H1a 成立。需求-供给匹配→组织认同（$β=0.17$，$SE=0.038$，$P<0.001$）；要求-能力匹配→组织认同（$β=0.344$，$SE=0.043$，$P<0.001$）。所以，（酒店员工-组织匹配）需求-供给匹配、（酒店员工-组织匹配）要求-能力匹配也对组织认同有显著的正向影响。因此假设 H1 的子假设 H1b、H1c 皆成立。

通过本次数据测试，观测酒店员工组织认同对工作绩效具有显著的正向影响关系：酒店员工组织认同显著影响酒店员工的（工作绩效）任务绩效（$β=0.132$，$SE=0.066$，$P=0.019$）；组织认同→工作奉献（$β=0.153$，$SE=0.076$，$P=0.008$）；组织认同→人际促进（$β=0.222$，$SE=0.063$，$P<0.001$）；酒店员工的组织认同感知对酒店员工的工作绩效具有很好的解释力和预测力。按照标准化因子载荷量由高到低排列酒店员工工作绩效的二阶因子，分别为人际促进、工作奉献、任务绩效。因此，组织认同对工作绩效各方面均有显著的正

向影响，假设 H3 的子假设 H3a、H3b、H3c 皆成立。

在酒店员工－组织匹配（需求－供给匹配、要求－能力匹配、价值观匹配）对工作绩效（任务绩效、工作奉献、人际促进）的影响中，路径分析结果显示，大部分假设得到验证，除了价值观匹配对工作奉献的影响不显著（$P=0.123>0.05$，不显著）、需求－供给匹配对人际促进的影响不显著（$P=0.088>0.05$，不显著），两个路径影响没有达到0.05的显著性水平，其他路径影响均得到验证。因此假设 H2b-1、H2c-2 不成立，其他 H2 的子假设均得到验证。

三、酒店员工－组织匹配、组织认同、工作绩效的相关分析

本小节展开对酒店员工－组织匹配、组织认同、工作绩效各构面（维度）关系的探讨。由于先前以验证性因子分析，开展了对三个构面（维度）均具有区别效度、因果关系的验证，本小节将对各构面（维度）在积差相关分析中的情况、各参数对因变量的预测力及以结构方程模式验证因果关系。展开相关分析的主要目的是研究变量之间关系的密切程度，探索研究事物间是否具有相关性，以及对其相关程度的高低进行判断。表46是酒店员工－组织匹配、组织认同、工作绩效在积差相关分析中，相关系数高低的判断标准。本书参考朱经明（2007）的检验标准对六个维度两两相关情形展开检验。

表46　相关系数高低的判断标准

相关系数高低标准	判断结果
$|r|=0.80$ 以上	相关性非常高
$|r|=0.60\sim0.80$	相关性较高
$|r|=0.40\sim0.60$	相关性中等
$|r|=0.20\sim0.40$	相关性较低
$|r|=0.20$ 以下	相关性非常低

数据来源：朱经明（2007）。

整体酒店员工－组织匹配与整体工作绩效感知的相关系数为0.401（$P<0.001$）；酒店员工－组织匹配及工作绩效感知中需求－供给匹配、要求－

能力匹配、价值观匹配与任务绩效、工作奉献、人际促进的相关系数均达到低度到中度显著正相关（$r=0.294\sim0.401$）。这表示酒店员工－组织匹配程度越高，其工作绩效越高。本书模型中假设 H2 中的子假设全部可获得支持。

表47　酒店员工－组织匹配与工作绩效相关系数摘要表

	任务绩效	工作奉献	人际促进
价值观匹配	0.339**	0.294**	0.382**
需求－供给匹配	0.347**	0.317**	0.328**
要求－能力匹配	0.368**	0.339**	0.401**

数据来源：自行整理。

注：** 表示在0.01水平（双侧）上显著相关；N=556。

整体酒店员工－组织匹配与整体组织认同感知的相关系数为0.483（$P<0.001$）；酒店员工－组织匹配感知中需求－供给匹配、要求－能力匹配、价值观匹配与组织认同的相关系数均达到中度显著正相关（$r=0.400\sim0.483$）。这表示酒店员工－组织匹配程度越高，其组织认同越高。本书模型中假设 H1、H1a、H1b、H1c 可获得支持。

表48　酒店员工－组织匹配与组织认同相关系数摘要表

	组织认同
价值观匹配	0.452**
需求－供给匹配	0.400**
要求－能力匹配	0.483**

数据来源：自行整理。

注：** 表示在0.01水平（双侧）上显著相关；N=556。

整体组织认同与整体工作绩效感知的相关系数为 0.350（$P<0.001$）；组织认同及工作绩效感知中与任务绩效、工作奉献、人际促进的相关系数均达到低度到中度显著正相关（$r=0.253\sim0.405$）。这表示组织认同程度越高，其工作绩效越高。本书模型中假设 H3、H3a、H3b、H3c 可获得支持。

表49　工作绩效与组织认同相关系数摘要表

	组织认同
任务绩效	0.405**
工作奉献	0.253**
人际促进	0.350**

数据来源：自行整理。

注：** 表示在 0.01 水平（双侧）上显著相关；$N=556$。

潜变量相关性分析表显示，工作绩效的任务绩效、工作奉献、人际促进与员工需求–供给匹配、要求–能力匹配、价值观匹配之间均有显著的正向相关关系，工作绩效的任务绩效、工作奉献、人际促进与组织认同之间有显著的正向相关关系，说明二者两两间均有相关联系。

表50　潜变量相关分析结果

		任务绩效	工作奉献	人际促进	组织认同	价值观匹配	需求–供给匹配	要求–能力匹配
任务绩效	Person 相关性	1	0.202**	0.253**	0.343**	0.339**	0.347**	0.368**
	显著性（双侧）	0.000	0.000	0.000	0.000	0.000	0.000	0.000
工作奉献	Person 相关性	0.202**	1	0.350**	0.312**	0.294**	0.317**	0.339**
	显著性（双侧）	0.000	—	0.000	0.000	0.000	0.000	0.000
人际促进	Person 相关性	0.253**	0.350**	1	0.405**	0.382**	0.328**	0.401**
	显著性（双侧）	0.000	0.000	—	0.000	0.000	0.000	0.000
组织认同	Person 相关性	0.343**	0.312**	0.405**	1	0.452**	0.400**	0.483**
	显著性（双侧）	0.000	0.000	0.000	—	0.000	0.000	0.000
价值观匹配	Person 相关性	0.339**	0.294**	0.382**	0.452**	1	0.413**	0.446**
	显著性（双侧）	0.000	0.000	0.000	0.000	—	0.000	0.000
需求–供给匹配	Person 相关性	0.347**	0.317**	0.328**	0.400**	0.413**	1	0.445**
	显著性（双侧）	0.000	0.000	0.000	0.000	0.000	—	0.000
要求–能力匹配	Person 相关性	0.368**	0.339**	0.401**	0.483**	0.446**	0.445**	1
	显著性（双侧）	0.000	0.000	0.000	0.000	0.000	0.000	—

数据来源：自行整理。

注：** 表示在 0.01 水平（双侧）上显著相关；$N=556$。

四、效果与变异解释力

通过路径回归影响分析，检测各变量之间的直接与间接效果可发现，酒店员工 - 组织匹配感知作为本书的参数，组织认同作为中介变量，其对因变量工作绩效行为的影响主要是通过以下几个路径，符合整体模型检测结论。

① 酒店员工 - 组织匹配→（酒店员工）工作绩效

② （酒店员工）价值观匹配→（酒店员工）任务绩效

③ （酒店员工）价值观匹配→（酒店员工）工作奉献

④ （酒店员工）价值观匹配→（酒店员工）人际促进

⑤ （酒店员工）需求 - 供给匹配→（酒店员工）任务绩效

⑥ （酒店员工）需求 - 供给匹配→（酒店员工）工作奉献

⑦ （酒店员工）需求 - 供给匹配→（酒店员工）人际促进

⑧ （酒店员工）要求 - 能力匹配→（酒店员工）任务绩效

⑨ （酒店员工）要求 - 能力匹配→（酒店员工）工作奉献

⑩ （酒店员工）要求 - 能力匹配→（酒店员工）人际促进

⑪ 酒店员工 - 组织匹配→（酒店员工）组织认同→（酒店员工）工作绩效

⑫ （酒店员工）价值观匹配→（酒店员工）组织认同→（酒店员工）任务绩效

⑬ （酒店员工）需求 - 供给匹配→（酒店员工）组织认同→（酒店员工）工作奉献

⑭ （酒店员工）要求 - 能力匹配→（酒店员工）组织认同→（酒店员工）人际促进

上述研究结果显示，在酒店员工组织匹配各方面（需求 - 供给匹配、要求 - 能力匹配、价值观匹配）对工作绩效的任务绩效、工作奉献、人际促进的影响中，路径分析结果显示，本书的14条假设路径影响均得到验证，大部分假设路径影响达到显著水平。

值得注意的是，H2b-1价值观匹配→工作奉献假设，（酒店员工）价值观匹配对（酒店员工）工作奉献的影响不显著（$\beta=0.083$，SE=0.053，

$P=0.123>0.05$，不显著）；H2c-2 需求－供给匹配→人际促进假设，（酒店员工）需求－供给匹配对（酒店员工）人际促进的影响不显著（ß=0.088，SE=0.045，$P=0.087>0.05$，不显著）。这两个路径影响没有达到显著水平。

因此，本书将在下一节进一步讨论以组织认同作为中介变量对酒店员工－组织匹配（价值观匹配、要求－能力匹配、需求－供给匹配）、工作绩效（任务绩效、工作奉献、人际促进）变量间的效果值及变异解释力。

五、中介变量的统计检定

中介变量的统计检定方法有因果法（The Baron and Kenny's Approach，B-K Method）、直接与间接效果法、信赖区间法（Bootstrap Distribution of Effects）（MacKinnon，2008）。Hayes（2015）通过检验认为 Bootstrapping 方法检验中介变量效应比 Sobel 测试与因果检验法更为有效。中介效果的比较值的参考，首先，检查总效果，存在则表示样本数据间有可能存在间接效果；其次，检查样本数据的间接效果，信赖区间是否包含 0 表示两个特定间接效果是否存在差异，进而证明间接效果存在（证明中介效果存在）。当直接效果区间值不包含 0，直接效果存在（中介变量起到部分中介作用）；当直接效果区间值包含 0，直接效果不存在（中介变量起到完全中介作用）。

本节介绍了评估组织认同中介效应的结果，把组织认同作为中介变量对酒店员工－组织匹配与工作绩效的中介作用分 9 个假设来展开检验。本书提出的假设如下：

H4a-1：组织认同对酒店员工价值观匹配与任务绩效具有中介效应

H4a-2：组织认同对酒店员工价值观匹配与工作奉献具有中介效应

H4a-3：组织认同对酒店员工价值观匹配与人际促进具有中介效应

H4b-1：组织认同对酒店员工要求－能力匹配与任务绩效具有中介效应

H4b-2：组织认同对酒店员工要求－能力匹配与工作奉献具有中介效应

H4b-3：组织认同对酒店员工要求－能力匹配与人际促进具有中介效应

H4c-1：组织认同对酒店员工需求－供给匹配与任务绩效具有中介效应

H4c-2：组织认同对酒店员工需求－供给匹配与工作奉献具有中介效应

H4c-3：组织认同对酒店员工需求-供给匹配与人际促进具有中介效应

直接效果作为观测某一变量对另一变量的影响，未通过任何其他的变量；间接效果则是两个变量之间，至少通过了一个其他的变量，进而影响了因变量；总效果是汇集直接效果与间接效果的总和。本书理论模式的直接效果、间接效果与总效果达到显著水平，如表51所示。

表51 中介变量报告表

题项	假设	效果	点估计值	Bootstrapping				结果
				Bias-Corrected 95%CI		Percentile 95%CI		
				Lower	Upper	Lower	Upper	
H4a-1	酒店员工价值观匹配→组织认同→任务绩效	总效果	0.163	0.061	0.265	0.060	0.265	部分中介
		间接效果	0.035	0.007	0.071	0.005	0.067	
		直接效果	0.128	0.022	0.235	0.022	0.234	
H4a-2	酒店员工价值观匹配→组织认同→工作奉献	总效果	0.122	0.019	0.225	0.014	0.22	完全中介
		间接效果	0.039	0.012	0.078	0.010	0.074	
		直接效果	0.083	-0.019	0.190	-0.028	0.186	
H4a-3	酒店员工价值观匹配→组织认同→人际促进	总效果	0.220	0.119	0.312	0.12	0.312	部分中介
		间接效果	0.056	0.029	0.096	0.026	0.092	
		直接效果	0.164	0.063	0.263	0.062	0.262	
H4b-1	酒店员工要求-能力匹配→组织认同→任务绩效	总效果	0.224	0.125	0.333	0.123	0.332	部分中介
		间接效果	0.046	0.008	0.088	0.007	0.088	
		直接效果	0.178	0.071	0.300	0.065	0.297	
H4b-2	酒店员工要求-能力匹配→组织认同→工作奉献	总效果	0.219	0.106	0.326	0.110	0.328	部分中介
		间接效果	0.053	0.015	0.101	0.014	0.101	
		直接效果	0.166	0.046	0.279	0.050	0.28	
H4b-3	酒店员工要求-能力匹配→组织认同→人际促进	总效果	0.263	0.158	0.366	0.156	0.365	部分中介
		间接效果	0.076	0.040	0.125	0.039	0.123	
		直接效果	0.187	0.077	0.296	0.074	0.295	
H4c-1	酒店员工需求-供给匹配→组织认同→任务绩效	总效果	0.183	0.082	0.288	0.076	0.281	部分中介
		间接效果	0.023	0.004	0.051	0.003	0.049	
		直接效果	0.160	0.053	0.263	0.047	0.26	

续表

题项	假设	效果	点估计值	Bootstrapping				结果
				Bias-Corrected 95%CI		Percentile 95%CI		
				Lower	Upper	Lower	Upper	
H4c-2	酒店员工需求–供给匹配→组织认同→工作奉献	总效果	0.183	0.069	0.292	0.069	0.292	部分中介
		间接效果	0.023	0.007	0.058	0.005	0.056	
		直接效果	0.160	0.045	0.271	0.043	0.269	
H4c-3	酒店员工需求–供给匹配→组织认同→人际促进	总效果	0.183	0.019	0.224	0.027	0.232	完全中介
		间接效果	0.023	0.015	0.073	0.014	0.07	
		直接效果	0.160	−0.019	0.185	−0.013	0.194	

数据来源：自行整理。

注：2000 bootstrap samples。

通过 Bootstrapping 方法对假设 H4a-1 酒店员工价值观匹配→组织认同→任务绩效路径展开 2 000 次运算检测，总效果为 0.163，间接效果为 0.035，直接效果为 0.128。间接效果中的 Bias-Corrected 区间值的下限为 0.007，上限为 0.071，区间值不包含 0（间接效果存在），样本数据显示酒店员工的组织认同作为中介变量，在该路径存在中介效果；直接效果 Bias-Corrected 区间值的下限为 0.022，上限为 0.235，区间值不包含 0（直接效果存在），样本数据显示组织认同作为中介变量，在该路径起到部分中介作用。

通过 Bootstrapping 方法对假设 H4a-2 酒店员工价值观匹配→组织认同→工作奉献路径展开 2 000 次运算检测，总效果为 0.122，间接效果为 0.039，直接效果为 0.083。间接效果中的 Bias-Corrected 区间值的下限为 0.012，上限为 0.078，区间值不包含 0（间接效果存在），样本数据显示组织认同作为中介变量，在该路径存在中介效果；直接效果 Bias-Corrected 区间值的下限为 −0.019，上限为 0.190，区间值包含 0（直接效果不存在），所以组织认同作为中介变量在该路径起到完全中介作用。

中介变量报告表显示，通过 Bootstrapping 方法对 H4a-3 酒店员工价值观匹配→组织认同→人际促进，H4b-1 酒店员工要求–能力匹配→组织认同→任务绩效，H4b-2 酒店员工要求–能力匹配→组织认同→工作奉献，H4b-3

酒店员工要求－能力匹配→组织认同→人际促进，H4c-1酒店员工需求－供给匹配→组织认同→任务绩效，H4c-2酒店员工需求－供给匹配→组织认同→工作奉献等假设路径展开2000次运算检测。本中介变量报告数据显示Bias-Corrected区间值不包含0（间接效果存在），说明组织认同作为中介变量在该路径存在中介效果；直接效果Bias-Corrected区间值不包含0（直接效果存在），说明组织认同作为中介变量在该路径起到部分中介作用。H4c-3酒店员工需求－供给匹配→组织认同→人际促进的假设路径经Bootstrapping作2000次运算检测结果显示，间接效果中的Bias-Corrected区间值不包含0（间接效果存在），直接效果Bias-Corrected区间值包含0（直接效果不存在），说明组织认同作为中介变量在该路径起到完全中介作用。所以，在本书中透过结构方程模式适合度检测，以组织认同为中介变量对酒店员工－组织匹配的三个维度（价值观匹配、要求－能力匹配、需求－供给匹配）、工作绩效的三个维度（任务绩效、工作奉献、人际促进）假设探讨均得以验证：组织认同对酒店员工－组织匹配、工作绩效具有显著中介效应的假设关系成立。

本章小结

本章介绍了本书调查问卷的收集、样本数据的分析方法以及分析结果。

本章第一节、第二节概述了调查问卷的收集与受访者的人口统计特征；第三节重点讨论了受访者对调查问卷答复的描述性分析，研究模型构建（酒店员工－组织匹配、组织认同、工作绩效）相关的调查问题；第四节概述了相应的描述性分析；第五节展开了关于测量模型分析的讨论，其中包括对结构方程模型的组合信度、收敛效度和判别效度的评估，满足了对测量模型分析的所有要求，并展开了后续分析（结构模型分析）；第六节介绍了结构模型评估检验。根据Hair等（2017）、Hayes和Preacher（2014）、Hayes（2015）等对结构模型的程序评估步骤的启示，展开对本书结构模型的路径检定，模型标准路径系数分析结果表明，假设H1a、H1b、H1c、H2a-1、H2c-1、H2a-2、H2b-2、H2a-3、H2b-3、H2c-3、H3a、H3b、H3c几条路径是显著的直接关系。值得注意的是，（酒店员工）价值观匹配对（酒店员工）

工作奉献与（酒店员工）需求－供给匹配对（酒店员工）人际促进的影响不显著，这两个路径影响没有达到显著水平，H2b-1价值观匹配→工作奉献假设与H2c-2需求－供给匹配→人际促进假设检定不成立。因此，本书进一步对各构面（维度）中各因变量的参数效果与变异解释力展开相关性的评估。

最终，本书通过结构方程模式适合度检测，间接效应评估结果显示具有显著性，从表48中观察到组织认同对酒店员工－组织匹配和工作绩效之间的关系存在中介作用的结果表明H4a-1、H4a-3、H4b-1、H4b-2、H4b-3、H4c-1、H4c-2是显著的部分中介作用；H4a-2、H4c-3是显著的完全中介作用。本书以组织认同作为中介变量对酒店员工－组织匹配的三个维度——价值观匹配（Value Fit）、要求－能力匹配（Needs-Supplies Fit，N-S Fit）、需求－供给匹配（Demands-Abilities Fit，D-A fit）与工作绩效的三个维度——任务绩效（Task Performance）、工作奉献（Job Dedication）、人际促进（Interpersonal Facilitation）展开的假设探讨均得以验证：组织认同对酒店员工－组织匹配、工作绩效具有显著中介效应的假设关系成立。

第五章

研究结论与研究展望

本章介绍了当前研究的结论与展望，先概述了本书第一章中的研究问题相关的研究结果；接下来介绍了本研究的创新点、实际意义和理论意义；然后讨论了研究的启示与建议；最后一节概述了当前研究的局限性与未来研究的方向。

第一节　研究结论

本书的讨论基于提出的系统研究问题而展开。以 Lewin（1951）的心理场理论为研究视角，根据 Kristof（1996）提出的他人 – 组织匹配整合模型，基于酒店各层级员工的分类，推演酒店员工 – 组织匹配感知架构（详见图4）。通过梳理酒店员工 – 组织匹配的相关文献，对酒店员工 – 组织匹配中酒店企业组织与酒店员工双方的需求 – 供给与要求 – 能力等条件进行归纳与演绎。

本书从酒店组织和员工个体的角度出发，基于组织认同，用系统的观点分析了酒店员工 – 组织匹配的影响因素，包括酒店各层级员工与酒店组织在需求 – 供给匹配、要求 – 能力匹配、价值观匹配三方面形成兼容性匹配与适配性匹配后，酒店员工组织认同感知对酒店员工与酒店组织匹配及工作绩效的影响过程，如下所示。

（1）酒店员工 – 组织匹配的概念、结构、内容和匹配度测量研究

通过回顾第二章的文献研究发现，在对员工 – 组织匹配（Employee-Organization Fit）进行定义的过程中，大多数学者将员工 – 组织匹配宽泛地定义为酒店员工与组织间的兼容性（Muchinsky and Monahan, 1987; Bretz and Judge, 1994; Adkins, Russell, and Werbel, 1994; Cable and Judge, 1994, 1996; Kristof, 1996; Brigham, Castro, and Shepherd, 2007; 奚玉芹, 2012; 赵卫东、吴继红、王颖, 2012; Downes et al., 2016; 尹烁, 2017）。

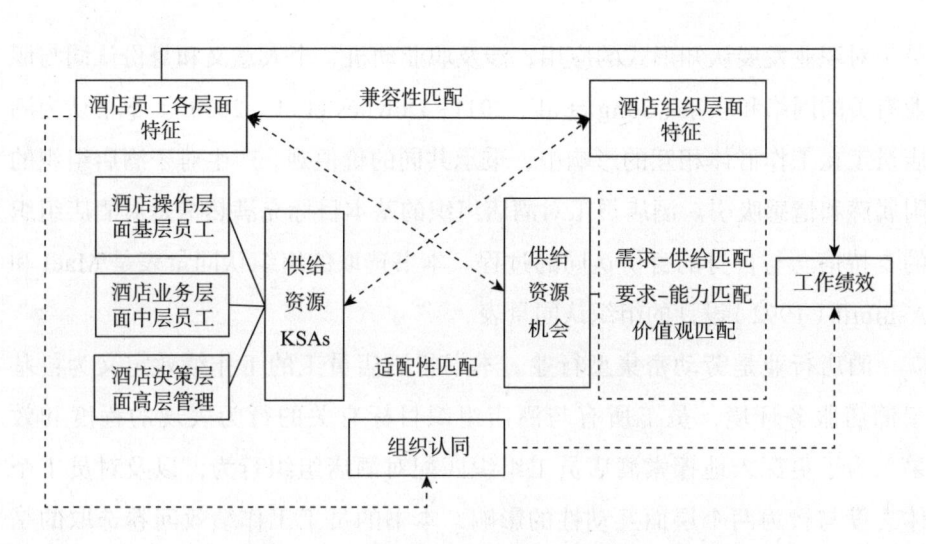

图 25　酒店员工 – 组织匹配对工作绩效影响（理论推导）图

本书以 Lewin（1951）的心理场理论为研究视角，把 Kristof（1996）提出的组织匹配整合模型作为研究范式的基础进行推演，得出酒店员工 – 组织匹配的归纳定义，认为酒店员工 – 组织匹配属于酒店员工与酒店组织在行为交互作用下，当酒店组织满足了员工的需要（财政、物质、心理资源，以及发展的机遇等方面），酒店员工的能力（努力、承诺、经验、知识、技能等方面）能适应酒店组织的要求，所形成的员工与酒店组织对于价值观、组织文化氛围、个性、工作态度、目标、规范等特征的兼容性匹配与适配性匹配。酒店员工与组织匹配问题是从酒店组织和个体两个层面来研究个体与酒店组织的互动关系。因此，本书增加了一个新的研究点，即从酒店员工 – 酒店组织的兼容性匹配与酒店员工 – 酒店组织的适配性匹配的角度，展开酒店员工 – 酒店组织结构、内容和匹配度测量研究。

本书参考 O'Reilly、Chatman 和 Caldwell（1991）等学者所开发的量表，包含员工 – 组织匹配的 3 个构面（维度），即员工的要求 – 能力匹配、需求 – 供给匹配、价值观匹配，把这 3 个构面（维度）作为本书中衡量酒店员工 – 组织匹配问卷题目设计的依据。

酒店行业员工的个人能力与认知差异体现为对不同形式的知识的应用，组织认同侧重角色和身份的定义，员工的职业商（Intelligent Careers）反映员工对职业发展认知形式的应用，涉及职业动机、个人意义和身份认同与职业有关的网络和联系（Song et al.，2011；Downes et al.，2016）。本书认为酒店员工在工作群体相互的影响中，秉承共同的价值观，产生对于酒店组织的附属感和情感吸引。酒店员工对酒店组织的基本目标充满热情是对酒店组织的支持信念与自身的身份认同的过程。本书选取的组织认同量表是 Mael 和 Ashforth（1992）设计的组织认同量表。

酒店行业是劳动密集型行业。本书将酒店员工的工作绩效定义为：基于酒店服务环境，员工所有与酒店组织目标有关的行为表现的程度和效果。为了更深入地探索酒店员工组织匹配对酒店组织行为，以及对员工个体态度与行为两个层面互动性的影响，本书的员工工作绩效问卷选取的是 Scotter 和 Motowidlo（1996）通过对组织行为学等方面的研究和归纳，在原工作绩效量表的基础上验证修改工作绩效的量表，对员工的任务绩效和周边绩效作区别，并将工作绩效的结构拓展成三维，即人际促进（Interpersonal Facilitation）、任务绩效（Task Performance）以及工作奉献（Job Dedication）。

基于以上讨论，确定了酒店员工－组织匹配、组织认同、工作绩效三个方面所涉及的 7 个主要变量的测量量表，对酒店员工－组织匹配的要素展开细化与调整，在此基础上设计结构式问卷。

（2）探索酒店员工－组织匹配对酒店员工个人行为和绩效（如任务绩效、人际促进、工作奉献等）的影响、影响路径和条件

酒店员工（酒店操作层面的基层员工）及其部门监察／管理人员（酒店业务管理层面的中层员工、酒店组织决策层面的高层管理人员）对酒店员工－组织匹配和酒店员工个人行为和绩效（尤其是任务绩效、人际促进、工作奉献）的感知之间的关系。回顾前人的研究，更匹配自己所服务的酒店组织的员工拥有更高水平的自主权、能力和相关性满意度（Salanova et al.，2005；张勉、李海，2007；Paek et al.，2015）。本书的实证分析支持酒店员工－组织匹配和酒店员工个人绩效之间的关系，针对 7 个潜在构面（维度）——价值观匹配、要求－能力匹配、需求－供给匹配、任务绩效、工作奉献、人际促进、组织认同，共开发了 31 个假设来检验构建体之间的直接关系。

通过实证研究分析数据，检验酒店员工组织认同对工作绩效是否具有显著的正向影响关系：酒店员工组织认同显著影响酒店员工的任务绩效（$β=0.132$，$SE=0.066$，$P=0.019$）；组织认同→工作奉献（$β=0.153$，$SE=0.076$，$P=0.008$）；组织认同→人际促进（$β=0.222$，$SE=0.063$，$P<0.001$），酒店员工的组织认同感知对酒店员工的工作绩效具有很好的解释力和预测力。按照标准化因子载荷量由高到低排列酒店员工工作绩效的二阶因子，分别为人际促进、工作奉献、任务绩效。因此，组织认同对工作绩效各方面均有显著的正向影响，假设 H3 的子假设 H3a、H3b、H3c 皆成立。在酒店员工-组织匹配（需求-供给匹配、要求-能力匹配、价值观匹配）对工作绩效（任务绩效、工作奉献、人际促进）的影响中，路径分析结果显示，除了价值观匹配对工作奉献的影响不显著（$P=0.123>0.05$，不显著）以及需求-供给匹配对人际促进的影响不显著（$P=0.088>0.05$，不显著），即这两个路径影响没有达到显著水平，其他路径影响均得到验证。因此假设 H2b-1、H2c-2 不成立，其他 H2 的子假设得到验证。

酒店员工-组织匹配显示出与酒店员工个人行为和绩效具有显著和积极的关系，该发现与先前的研究（Tepeci and Bartlett，2002；Lee et al.，2017）一致。所以，酒店员工-组织匹配可能与需求满足有关，因为当酒店员工和组织的价值观一致时，酒店组织更有可能在满足其基本心理需求方面为员工提供他们想要的需求。

（3）探索酒店员工的组织认同感在酒店员工-组织匹配对于工作绩效影响路径中的中介作用

研究问题涉及酒店员工的组织认同感对酒店员工-组织匹配（价值观匹配、要求-能力匹配、需求-供给匹配）与工作绩效（任务绩效、工作奉献、人际促进）之间关系的中介效应。Karatepe 和 Kaviti（2016）揭示了酒店员工组织态度充当离职意向、迟到态度、工作绩效和额外角色顾客服务等关键结果之间的中介变量。随着对酒店员工-组织匹配与工作绩效研究的发展，Lee 等（2017）对 P-E（员工-环境）3 种匹配类型进行实证研究检验。酒店员工在对客服务中对自身的客户服务情绪的管理，被归类为员工-组织匹配与工作绩效关系的间接调解。这些研究结果为组织认同在员工－组织匹配与工作绩效的关系中的中介作用提供了实证支持。

在此基础上，本书第四章透过结构方程模式适合度检测，通过 Bootstrapping 方法对组织认同作为中介变量对酒店员工－组织匹配的3个维度（价值观匹配、要求－能力匹配、需求－供给匹配）和工作绩效的3个维度（任务绩效、工作奉献、人际促进）分9条假设路径展开的探讨均得以验证：组织认同对酒店员工－组织匹配、工作绩效具有显著中介效应的假设关系成立。

在酒店员工组织匹配各方面（需求－供给匹配、要求－能力匹配、价值观匹配）对工作绩效的任务绩效、工作奉献、人际促进的影响中，路径分析结果显示，本书的14条假设路径影响均得到验证，大部分假设路径影响达到显著水平。值得注意的是，（酒店员工）价值观匹配对（酒店员工）工作奉献的影响不显著（$\beta=0.083$，SE=0.053，$P=0.123>0.05$，不显著）、（酒店员工）需求－供给匹配对（酒店员工）人际促进的影响不显著（$\beta=0.088$，SE=0.045，$P=0.087>0.05$，不显著）。这两条路径影响没有达到显著水平，H2b-1价值观匹配→工作奉献假设和H2c-2需求－供给匹配→人际促进假设检定不成立。因此，本书进一步讨论以组织认同作为中介变量对酒店员工－组织匹配（价值观匹配、要求－能力匹配、需求－供给匹配）、工作绩效（任务绩效、工作奉献、人际促进）变量间的效果值及变异解释力。

根据本书的中介变量报告结果，通过 Bootstrapping 方法对H4a-3酒店员工价值观匹配→组织认同→人际促进，H4b-1酒店员工要求－能力匹配→组织认同→任务绩效，H4b-2酒店员工要求－能力匹配→组织认同→工作奉献，H4b-3酒店员工要求－能力匹配→组织认同→人际促进，H4c-1酒店员工需求－供给匹配→组织认同→任务绩效，H4c-2酒店员工需求－供给匹配→组织认同→工作奉献等假设路径展开2000次运算检测。

本中介变量报告数据显示 Bias-Corrected 区间值不包含0（间接效果存在），说明组织认同作为中介变量在该路径存在中介效果；直接效果 Bias-Corrected 区间值不包含0（直接效果存在），组织认同作为中介变量在该路径起到部分中介作用。H4c-3 酒店员工需求－供给匹配→组织认同→人际促进的假设路径经 Bootstrapping 作 2000 次运算检测结果显示，间接效果中的 Bias-Corrected 区间值不包含 0（间接效果存在），直接效果 Bias-Corrected 区间值包含 0（直接效果不存在），说明组织认同作为中介变量在该路径起到完全中介作用。所以，本书透过结构方程模式适合度检测，以组织认同为中介变量对酒店员工－组织匹配的三个维度（价值观匹配、要求－能力匹配、需求－供给匹配）和工作绩效的三个维度（任务绩效、工作奉献、人际促进）假设的探讨均得以验证：组织认同对酒店员工－组织匹配、工作绩效具有显著中介效应的假设关系成立。

表52　研究假设验证结果

假设项目	假设验证
H1：酒店员工－组织匹配对组织认同具有正向影响	成立
H1a：酒店员工的价值观匹配对组织认同具有正向影响	成立
H1b：酒店员工的需求－供给匹配对组织认同具有正向影响	成立
H1c：酒店员工的要求－能力匹配对组织认同有正向影响	成立
H2：酒店员工－组织匹配对工作绩效具有正向影响	成立
H2a：酒店员工－组织匹配对任务绩效具有正向影响	成立
H2a-1：酒店员工的价值观匹配对任务绩效具有正向影响	成立
H2a-2：酒店员工的需求－供给匹配对任务绩效具有正向影响	成立
H2a-3：酒店员工的要求－能力匹配对任务绩效具有正向影响	成立
H2b：酒店员工－组织匹配对工作奉献具有正向影响	成立
H2b-1：酒店员工的价值观匹配对工作奉献具有正向影响	不成立
H2b-2：酒店员工的需求－供给匹配对工作奉献具有正向影响	成立
H2b-3：酒店员工的要求－能力匹配对工作奉献具有正向影响	成立
H2c：酒店员工－组织匹配对人际促进具有正向影响	成立
H2c-1：酒店员工的价值观匹配对人际促进具有正向影响	成立
H2c-2：酒店员工的需求－供给匹配对人际促进具有正向影响	不成立
H2c-3：酒店员工的要求－能力匹配对人际促进具有正向影响	成立
H3：组织认同对酒店员工工作绩效具有正向影响	成立
H3a：组织认同对酒店员工任务绩效具有正向影响	成立

续表

假设项目	假设验证
H3b：组织认同对酒店员工工作奉献具有正向影响	成立
H3c：组织认同对酒店员工人际促进具有正向影响	成立
H4：组织认同对酒店员工－组织匹配与工作绩效具有中介效应	成立
H4a-1：组织认同对酒店员工价值观匹配与任务绩效具有中介效应	成立
H4a-2：组织认同对酒店员工价值观匹配与工作奉献具有中介效应	成立
H4a-3：组织认同对酒店员工价值观匹配与人际促进具有中介效应	成立
H4b-1：组织认同对酒店员工要求－能力匹配与任务绩效具有中介效应	成立
H4b-2：组织认同对酒店员工要求－能力匹配与工作奉献具有中介效应	成立
H4b-3：组织认同对酒店员工要求－能力匹配与人际促进具有中介效应	成立
H4c-1：组织认同对酒店员工需求－供给匹配与任务绩效具有中介效应	成立
H4c-2：组织认同对酒店员工需求－供给匹配与工作奉献具有中介效应	成立
H4c-3：组织认同对酒店员工需求－供给匹配与人际促进具有中介效应	成立

资料来源：自行整理。

本书的结果与 Karatepe 和 Kavit（2016）、Lee 等（2017）等的研究结果一致。这进一步表明，酒店员工认为自己与酒店匹配度高，能够提高对酒店组织、团队和工作的积极情绪。这不仅在个人层面上（如工作），还直接影响酒店员工对组织、团队和工作的积极情绪以及对工作绩效展开了间接的中介调节。

本书的结果表明，本书对酒店员工－组织匹配、组织认同、工作绩效各构面（维度）的关系探讨，以验证性因子分析验证三个构面（维度）均具有区别效度、因果关系，并对各构面（维度）在积差相关分析中的情况、各参数对因变量的预测力及以结构方程模型验证因果关系（详见第四章第六节）。研究结果发现整体酒店员工－组织匹配与整体组织认同感知的相关系数为 0.483（$P<0.001$）；酒店员工－组织匹配感知中需求－供给匹配、要求－能力匹配、价值观匹配与组织认同的相关系数均达到中度显著正相关（$r=0.400\sim0.483$）。这表示酒店员工－组织匹配程度越高，其组织认同越高。整体组织认同与整体工作绩效感知的相关系数为 0.350（$P<0.001$）；组织认同及工作绩效感知中与任务绩效、工作奉献、人际促进的相关系数均

达到低度到中度显著正相关（$r=0.253 \sim 0.405$）。这表示组织认同程度越高，其工作绩效越高。

通过对变量间中介路径的分析，本次研究数据分析表明组织认同在酒店员工－组织匹配与员工绩效之间起到调节作用。组织认同作为中介变量对酒店员工－组织匹配的3个维度（价值观匹配、要求－能力匹配、需求－供给匹配）和工作绩效的3个维度（任务绩效、工作奉献、人际促进）之间具有不同程度的部分中介作用以及完全中介作用。

因此，酒店员工－组织匹配和组织认同可被视为酒店企业中员工工作绩效结果的独立但相互关联的预测因子（Cable and Edwards，2004；Karatepe and Kavit，2016；Lee et al.，2017）。酒店主管部门应努力招募与酒店组织所要求的能力匹配的员工，以提高酒店员工的组织认同感。酒店员工－组织匹配可能与员工的需求满足相关，当酒店员工和组织的价值观一致时，酒店组织更有可能在满足其基本心理需求方面为员工提供他们想要的需求。根据目前的研究，酒店组织应该增加员工的组织认同感，这反过来将更好地激励员工的工作行为（工作奉献、人际促进），提高绩效（任务绩效）。

第二节 研究创新点

酒店员工－组织之间形成高匹配度时可以提升酒店的管理水平与行业竞争力（Lam et al.，2018）。本书从酒店员工对酒店组织的组织认同的角度，探讨了酒店员工－组织匹配的3个维度（价值观匹配、要求－能力匹配、需求－供给匹配）对工作绩效的3个维度（任务绩效、工作奉献、人际促进）的影响机制。在酒店组织的运营管理中，提高员工个人和酒店组织之间的匹配程度，有利于改善酒店款待业员工的工作态度与工作群体的人际关系，进而增强其酒店组织的凝聚力与提高员工的工作绩效。

本书将在员工－组织匹配理论框架基础上结合已有研究，以酒店员工为研究对象，深入研究酒店员工－组织匹配对工作绩效的机制的影响因素，揭示其发生的机制,为酒店企业人力资源实践工作提供理论和事实依据,提高酒店企业合理应对和管理人力资源的能力。本书创新之处主要体现在以下三方面。

一、选题的创新

通过对酒店员工-组织匹配领域的文献回顾,本书发现员工-组织匹配理论与酒店行业的影响研究正在成为国际领域一个新的学术热点。目前,中国仅有数字学者在酒店业领域展开了对员工-组织匹配的研究(章勇刚,2004;卞吉华、陈传明,2009;卢竹,2014;田媛,2014;艾维维、冯宇婷,2016;刘岩玲、罗忠恒,2017)。

现有研究表明,酒店员工-组织匹配的学术研究在中国学术界尚处于初始阶段,在理论与实证方面亦缺乏深入研究。酒店员工与组织匹配的形成取决于员工个人与职业的互动,属于员工与酒店组织互动的结果。本书深入剖析酒店员工-组织匹配的内在维度,确定酒店员工-组织匹配的三种状态,进行理论模型构建,探索影响酒店员工-组织匹配因素的动态化形式,并尝试展开酒店员工-组织匹配对工作绩效的影响因素的探讨。

二、理论的创新

根据对员工-组织匹配的文献回顾,目前国内关于酒店员工-组织匹配及其对工作绩效的影响的研究匮乏,较少有全面和系统的基础理论研究,有待继续深入。关于酒店员工-组织匹配对于员工个体工作绩效的影响机制的研究,笔者在着手本书前尚未发现该领域展开以中国酒店业为研究主体的相关实证研究。本书采用定量与定性相结合的研究方法,并以结构方程对研究模型展开检验。在中国酒店企业情景下,通过对酒店员工-组织匹配影响因素的分析,探讨员工与酒店组织匹配与组织认同以及工作绩效的关系。

本书旨在丰富酒店员工-组织匹配领域的理论研究,加深对酒店员工-组织匹配理论的内涵与知识的探索,并拓展其应用领域。本书创新地将工作适应理论、心理场理论、社会认知理论、动态能力理论、社会交换理论等理论基础展开结合。通过对酒店员工-组织匹配感知的维度结构的研究，拟选取组织认同作为切入点，试图探索酒店员工-组织匹配感知对工作绩效的影响、影响路径和条件，构建酒店员工-组织匹配影响理论模型，丰富员工-组织匹配与工作绩效的影响因素的研究范畴，并为酒店企业实际的人力资源管理工作提供理论和实践的支撑。

三、研究内容的创新

本书探索讨论酒店员工的组织认同与员工工作绩效之关系，并且进一步探寻组织认同在酒店员工个体与组织匹配和工作绩效之间的中介作用，对员工进入酒店组织后的影响因素展开实证研究：员工与酒店组织形成兼容性匹配与适配性匹配后，通过组织认同对员工-组织匹配影响的调节作用，当酒店员工价值观匹配、需求-供给匹配和要求-能力匹配对酒店员工的任务绩效、人际促进、工作奉献产生影响时，为解释酒店员工在组织中的心理状态与行为，提供一个适当的分析角度。

第三节 研究应用

一、应用意义

酒店业的发展沿革始终是为了满足市场上消费者对产品的需求（Mullins, 2001）。酒店员工的专业化体现在软实力竞争机制上，酒店竞争在于生产（服务）管理阶段，其最突出特征就是现场管理的质量（Yeh, 2013）。酒店管理的核心问题是如何提高工作（服务）效率（Lee et al., 2017）。目前，大多数关于酒店员工-组织匹配理论与员工工作绩效之间关系的研究在西方学者的研究中展开。现有研究表明，目前酒店员工-组织匹配的学术研究在中国学术界尚处于初始阶段，在理论与实证方面亦缺乏深入研究。本书的框架基于员工-组织匹配，以中国酒店款待业的酒店组织与其员工为研究案例目标有较高的研究价值和代表性。

本节重点介绍本书的一些实际意义,这些意义与中国酒店款待业的人力资源政策以及酒店内部对于员工的管理有关。酒店组织必须均衡对待客户的需求和愿望,在需要的范围内利用资源来维系顾客,实现服务质量并寻求竞争优势(Bavik,2016)。酒店组织和员工处在一个动态的、复杂的、不确定的市场竞争环境下。从本质上讲,酒店基层员工在实现组织绩效最大化方面扮演着重要的角色。本书表明了组织认同对酒店员工-组织匹配与员工工作绩效之间关系的重要性。从实践角度分析,关注酒店员工对组织的认同与个人成长与职业发展。

通过对酒店员工-组织匹配对工作绩效影响机制的模型构建和实证研究,为酒店员工-组织匹配管理实践提供科学的测量工具;为促进酒店组织的可持续发展创造条件;对于提高酒店的组织绩效,为酒店企业的人力资源匹配的改善与发展对策提供合理化建议。雇佣的员工被认为与该酒店组织匹配使得酒店行业的基层从业人员能根据自身条件适应酒店市场发展变化,寻求竞争优势与酒店组织共同成长。

因此,酒店组织创建能够对员工组织认同产生积极影响的氛围至关重要。管理层应确保为员工提供足够的持续培训机会、自主需求、奖励结构和绩效系统,以提供有关员工能力的反馈。建议组织为员工举办各种形式的员工关爱、职场生涯规划或体育赛事等活动,以满足员工的相关需求。管理层的这些举措有望增强员工的需求满足感,相信已满足其心理需求的员工反过来会表现出积极的态度并表现良好。

酒店业作为劳动密集型的服务产业,具有独特的运行机制、管理职能和生产方式,酒店员工-组织匹配的因素不仅受到酒店组织内部因素影响,还受到酒店组织外部因素的影响。通过特定评估可以实现的另一个要点包括性格测试、情境判断测试或行为评定评估。例如,所使用的量表可能有助于识别低级别和高级别值一致性之间的差异。

围绕着酒店员工-组织匹配对工作绩效之间的关系而展开实证研究,经检验证明,通过分析酒店员工-组织匹配感知的(构念)维度(价值观匹配、要求-能力匹配与需求-供给匹配),拟选取组织认同作为切入点,试图进一步探索酒店员工-组织匹配感知对工作绩效（任务绩效、工作奉献、人际促进）的影响、影响路径和条件。

上述关系在研究框架中提出并得到了进一步的支持。酒店组织和员工各有其基本特征、（资源）供给和要求（需求）。员工与酒店组织匹配不是单独分析各自的基本特征、（资源）供给和要求（需求），而是关注员工与酒店组织之间良好的互动关系。实现酒店运营顺畅的最佳方法是首先雇用合适的人员。雇用之初就与酒店组织匹配的人员将使酒店组织和雇用者们感到高兴，并为员工们提供取得职业成就的机会，酒店员工个体或酒店组织相互提供满足对方需要的资源。降低酒店员工流失率，提升酒店人力资源竞争力已成为酒店业持续健康发展的关键。酒店组织作为一个完整的系统，凝聚力是酒店行业最重要的文化元素。

二、理论意义

从理论角度来看，员工-组织匹配的研究主要集中于员工-组织匹配的概念、结构、内容和匹配度测量及对员工-组织匹配影响结果的研究（Kristof, 1996; Tims, Derks, and Bakker, 2016; Madera et al., 2017; Lam et al., 2018）。本书在确定研究"酒店员工-组织匹配"主题后，查阅了收录旅游及款待业与组织行为管理类文献的数据库（包括 Hospitality、Tourism & Leisure Collection、EBSCO、Sage、Wiley、Taylor、Hospitality & Tourism Complete、Emerald、Humanities International Complete、Springer、Academic Search Complete、ProQuest Central、中国知网、万方数据等数据库），检索时间为2017年11月6日，具体检索条件为"组织匹配""Person-Organization Fit""Employee-Organization Fit""Hospitality Performance"等高频关键词，时间跨度选择为1990—2018年，共得到18 800条记录。

这从一定程度上反映出单纯的他人-组织匹配研究成果丰硕，进一步的文献研究表明员工-组织匹配理论与酒店行业的影响研究正在成为国际领域一个新的学术热点。单纯的酒店员工的工作行为在人力资源管理研究中颇为热烈，主要集中在酒店工作绩效、酒店市场营销、员工满意度、服务质量提升等方面。并且，员工的心理趋同颇受心理学领域学者的关注（Deery and Shaw, 1999; Jung and Yoon, 2014; Paek et al., 2015; Chen, Shen, and Fan, 2015; Bavik, 2016; Bui et al., 2017）。

通过中文文献检索有关酒店员工–组织匹配的研究发现，在中国国内，酒店款待业研究范畴属于一个成长中的新兴学术领域。以"酒店员工–组织匹配"为主题，对中国知网（CNKI）1990—2018年国内相关文献展开检索，仅得到15条记录；在万方数据知识服务平台展开检索得到59条记录。叶泽川（1999）最早将他人–组织匹配（Person–Organization Fit, P–O Fit）理论引入中国。目前中国仅有数字学者在酒店业领域展开了对员工–组织匹配的研究（章勇刚, 2004; 卞吉华、陈传明, 2009; 卢竹, 2014; 田媛, 2014; 艾维维、冯宇婷, 2016; 刘岩玲、罗忠恒, 2017）。

目前，大多数关于酒店员工–组织匹配理论与员工工作绩效之间关系的研究在西方学者的研究中展开。现有研究表明，目前酒店员工–组织匹配的学术研究在中国学术界尚处于初始阶段，在理论与实证方面亦缺乏深入研究。开展对酒店员工–组织匹配对于员工个体工作绩效的影响机制的研究，笔者尚未发现该类研究成果。因此，本书旨在丰富酒店员工–组织匹配领域的理论研究，加深对酒店员工–组织匹配理论的内涵（概念）与知识体系的探索，通过对酒店员工–组织匹配影响理论模型的构建，旨在丰富酒店员工–组织匹配与工作绩效的影响因素的研究范畴，并拓展其应用领域，为酒店企业实际的人力资源管理工作提供理论和实践的支撑。

本书的结果与这些概念有关，进一步肯定了相关的理论建议。社会认知理论与社会认同方法使我们能够对员工鼓励其认同感的工作条件作出进一步的预测，因为这种方法也告诉我们，人们在没有相互依赖或个人倾向工具考虑的情况下（Solnet, 2006; Karatepe and Kaviti, 2016），有必要开展更多关于员工–组织匹配与员工结果联系的机制的研究（Lu et al., 2016; 谷慧敏等, 2017; 邹文篪等, 2017; Chan et al., 2017）。

目前，关于酒店员工–组织匹配理论与员工工作绩效之间关系的研究基本在西方学者的研究中展开。现有研究表明，目前酒店员工-组织匹配的学术研究在中国学术界尚处于初始阶段，在理论与实证方面亦缺乏深入研究。本书的框架基于员工-组织匹配，以中国酒店款待业的酒店组织与其员工为研究案例目标，主要围绕着酒店员工-组织匹配对工作绩效之间的关系展开实证研究检验。

通过分析酒店员工-组织匹配感知的（构念）维度（价值观匹配、要求-能力匹配与需求-供给匹配），拟选取组织认同作为切入点，试图进一步探索酒店员工-组织匹配感知对工作绩效（任务绩效、工作奉献、人际促进）的影响、影响路径和条件。上述关系在研究框架中提出并得到了进一步的支持。

因此，据笔者所知，本书成功地提供了对中国酒店款待业中尝试的第一次实证研究分析。所以现阶段本书通过对酒店员工的组织认同和工作绩效的影响的研究，在现有员工-组织匹配的文献中添加新的结果而作出贡献。最后，目前本书的结果为进一步研究中国酒店款待业员工的职业特征提供了基础，本书的结果也可作为未来研究的起点。

第四节 研究启示与建议

一、对酒店人力资源管理实践的启示

本书通过对中国酒店556名员工的实证调研，证实了酒店员工-组织匹配感知涉及员工和组织在价值观、组织认同、要求与能力、需求与供给等多个方面形成的兼容性匹配与调适性匹配的过程，并且以中国酒店业情境下，上述两种匹配感知可以通过多条路径对员工的任务绩效和人际促进、工作奉献等因素产生较强烈的影响。因此，针对当前中国酒店企业运营环境的背景，下文根据酒店员工在组织中任职的阶段，对员工进入组织前酒店方对于酒店人员招聘阶段，以及对酒店员工进行岗前培训和社会化引导的阶段，来探讨本书的结果与结论对于酒店组织人力资源实践管理的启示。

目前的研究表明，当酒店员工倾向于认为自身能与所服务的组织形成匹配，以及满足其对工作的自主性、相关性和能力的心理需求时，该员工的态度和表现会得到改善。重要的是，酒店组织的人力资源部门要展开有效的招聘和选拔过程，以便组织雇佣和留住优秀的人才。例如，需要熟练的面试官在面试期间展开。

在此过程中，奚玉芹（2012）建议人力资源部门综合权衡以下3方面问题：首先，该从哪些方面去评估应聘人员（候选人）和本组织的匹配问题；其次，为了有效评估员工－组织匹配更真实的情况，组织与员工个体应分别做好哪些信息共享的准备工作；最后，如何使此类评估避免受到负责招聘人员的主观偏见影响。Jovičić等（2011）提出了员工"适应"进入酒店组织的重要性，酒店职业是否与员工匹配由员工个人的人格和酒店职业环境的评估决定。这要求管理者为求职者提供了解其组织价值以及完成工作所需的特征、行为和能力的机会，以便他们评估组织是否匹配自己的价值观。

因此，行为访调员需要确定候选人的价值，以获取有关候选人可能与组织匹配的价值的一些信息。并且，员工个体的需求除受到其价值观、个性特征以及职业发展目标等因素的影响外，很容易受到其个体的生活状态与生存环境（如服务年限、年龄、教育程度、婚姻状态、性别、孩子的个数、所居区域等因素）的影响。

与其从整体上笼统地考虑酒店员工与组织是否匹配，酒店招聘方不如从多个明确而具体的维度评估酒店员工－组织匹配，进而对酒店员工－组织匹配作出更为准确和可靠的评估。根据本书的结论，酒店组织与员工个体分别可从价值观、组织认同、要求与能力、需求与供给的角度来评估酒店员工－组织匹配水平。酒店员工的需求与个性、价值观和职业目标、组织认同相比，最容易出现变动。酒店组织在供给方面，根据酒店员工需求的变化所进行的调整相对较容易，更有效果及有效率。

本书开发的酒店员工－组织匹配感知量表具有比较好的信度与效度，通过对酒店员工个体进行酒店员工－组织匹配感知程度的测量，进而为酒店组织的员工遴选和酒店员工个体的工作抉择作决策依据参考。酒店组织通过吸引、遴选酒店员工候选人，不仅需要投入一定资源，还要在酒店新的员工入职后对其作岗前培训与组织内成员社会化引导。酒店组织希望能够以此获得积极的结果，以达到高度的酒店员工-组织匹配。

本书的结果表明，酒店员工的酒店员工-组织匹配、组织认同感知对工作绩效（任务绩效、工作奉献、人际促进）的影响具有较为强烈的正向影响。所以，酒店组织的人力资源部门可以从酒店员工与组织之间的价值观匹配、要求-能力匹配与需求-供给匹配入手，对酒店员工-组织匹配程度进行评估与监控，改进酒店组织的运营分析与设计，进而影响酒店员工的工作态度与工作绩效。

在酒店岗位候选人员的求职竞聘筛选阶段，通常由负责招聘的人员（通常包括人力资源管理部门的相关人员、该空缺职位任职者的所属酒店部门的直接主管）代表酒店组织对应聘者的酒店员工-组织匹配程度进行评估。然而这种匹配感知的判断很易受到候选人与招聘者或理想的候选人较为相似而产生的误差影响。

因此，酒店组织应设置评估酒店员工-组织匹配明确的标准。本书开发的酒店员工-组织匹配感知的量表具有较好的信度与效度，酒店企业可以用来进行对酒店员工-组织匹配感知程度的评估与测量，进而为酒店企业的人员筛选及酒店员工个体的职业工作选择提供决策的依据。并且，根据评估的结果针对性地采取一些管理措施加以引导，从而帮助提高酒店员工的工作绩效。酒店组织应当对是否适合采用此类评估与监测体系进行权衡分析后再作出决策。

二、对酒店员工岗前培训和社会化引导的启示

Kristof（1996）认为，员工-组织匹配仅仅是员工选择工作或组织遴选员工的决定因素之一。所以，在酒店组织新的雇佣员工当中，存在员工与酒店组织个人社会化引导的认知过程与初始化的匹配范围程度。此外，酒店企业通常很难雇佣到超过其所有期望特质的员工。Werbel 和 Demarie（2001）认为在最初通过新员工岗前培训和社会化引导后，需要完善后续对员工培

训与开发的项目，以此努力改善酒店员工-匹配的程度。Cable 和 Edwards（2004）的研究表明社会化引导是指员工个人在融合、进入已有的组织文化中的过程。

就酒店组织的角度而言，对新的酒店员工进行岗前培训和社会化引导，不仅可以让新员工掌握酒店基本背景信息并能出色地完成工作，还可以让新员工更好地了解酒店组织环境中的各方面（酒店组织的历史沿革、组织文化与价值观、战略目标、公司政策、组织架构、业务流程与工作方式、团队建设、协调机制与绩效标准等）。

在现实中，尽管国际化酒店管理集团因其严格的绩效薪资标准与严苛的晋升路径标准，不如国内单体酒店的标准弹性和灵活，但是国际化酒店管理集团在人力资源评估与培训体系更享有优势，可以更好地激发酒店员工工作潜能与职业领导力，如集团化的酒店运营组织享有更多的旗下酒店品牌的人力资源调动的机会，在酒店业长期服务的资深员工将会享有集团就职的福利与更优化的职业锚发展机会。

与此相比，在改革开放后的四十年间，中国的酒店业态已经发生了巨大的转变，中国旅宿业类型已逐步从事业单位招待型管理转向企业单位经营型管理。尽管中国酒店的规模已得到长足的发展，但是，不少单体酒店，尤其是那些规模较小、资金实力欠雄厚、人力资源管理程度不甚完善的酒店企业，缺乏对酒店新员工的岗前培训与社会化引导，而直接让酒店员工在实际的工作中适应该酒店企业文化与氛围。奚玉芹（2004）通过研究认为，服务于此类组织的工作，新员工易遭受到现实的冲击，导致较高的流失率，员工即便留下来，考虑的也是该组织提供的薪酬福利待遇高低，缺乏对其组织认同度。Podsakoff 等（2003）从员工的角度而论，新雇员在进入组织之时，通常带有特定的和正面的期望，与新的工作、新的组织进行融合达到匹配。酒店组织主要通过两种途径对最初阶段的新员工进行岗前培训和社会化引导，进而影响员工的酒店员工-匹配感知。

首先，让酒店员工在适应了酒店组织工作后，熟知本酒店组织的价值观、战略目标、工作使命以及行政政策等信息，进而由此调整酒店员工自身与组织的匹配感知；其次，酒店员工自身的价值观、工作目标以及思维方式、行事准则通过新员工岗前培训和社会化引导可能会发生变化，进而改变酒店员工自身与组织之间的匹配感知程度，此类情况在酒店实习生或刚毕业首次踏上酒店工作岗位的人员中最为常见。

由此预见，在招聘阶段，酒店组织和岗位候选人之间对于相互提供以及交换获取的信息再充分，在酒店新员工进入酒店组织之前，员工个体仍不可能获取关于酒店组织价值观、工作目标以及思维方式、行事准则以及团队气氛、薪资福利、晋升机会体系等各方面的全部信息。据本书的结果，具有较高的酒店员工－组织匹配感知与组织认同的酒店员工有较好的工作绩效（任务绩效、工作奉献、人际促进），尤其是在酒店新员工所认可的工作团队中，其人际促进对工作奉献与投入的程度会加深。对酒店新入职的员工在这一时期内展开适时与恰当的岗前培训与社会化引导，有利于酒店新入职员工巩固及改善与酒店组织匹配与组织认同感知。

就在酒店服务的资深员工而言，酒店员工个体对于酒店组织的价值观、能力素养、个性特质、需求－供给以及对组织内外部环境因素变化的反应，随着时间推移而产生变化，酒店员工－组织匹配感知程度也会随之产生波动。此外，根据本书结果，在酒店员工－组织匹配感知的三个维度中，酒店员工的要求－能力匹配对组织认同与人际促进路径具有最为强烈的影响。酒店员工的价值观匹配对于其组织认同感知与人际促进路径亦具有颇为强烈的影响。

由此本书判断，当酒店员工个体适应了酒店工作的某种环境并在其中感觉自在后，与其工作任务绩效和工作奉献相比，该员工会更重视其自身与酒店组织环境中的其他人员的人际关系，在良好的工作团队气氛中为酒店组织作出独特的贡献。因此，在酒店组织发展变革的阶段，除了通过发布信息与加强员工沟通之外，对于资深员工的期待与需求也需要作出相应的评估与考虑，这对于帮助巩固和改善酒店员工－匹配感知程度颇具积极的意义。

第五节　研究局限与展望

一、研究局限

类似于这种性质的大多数研究,本书的结果应该通过考虑一些限制来解释。本书虽然力争细致地完成所有研究工作,但还是不可避免地会存在一些研究局限:

(一)数据采集的局限性

由于国内外以员工组织匹配为主要研究对象的相关学术研究较少,同时将酒店作为主要的研究背景更是甚少,因此在获取文献资料方面将会有所限制(Mostafa and Williams, 2013; Young and Steelma, 2016; Tims, Derks, and Bakker, 2016; Downes et al., 2016; Choi, Tran, and Kang, 2017)。同时,本书在开发调查问卷前,邀请了从事酒店人力资源管理实践和研究心理学领域的专家们,就酒店员工 – 组织匹配及组织认同和工作绩效等变量,对于量表中的各题项设计可能产生的歧义、语义表达的准确性以及清晰性提出建议,并对于题项可能遗漏的内容展开补充。最后,根据与专家深度访谈的结果完成对调查问卷的修订,并通过与各层级员工发放问卷的形式收集资料并展开量化分析。

(二)研究方法的局限性

本书问卷调查部分以酒店员工 – 组织匹配与员工工作态度、工作行为和工作结果之间的关系为主要内容,所获为横截面之实时数据。目前,本书采用横截面设计而不是纵向设计,缺少对被调查对象的生活背景考察。在今后的实证研究中将继续探索充实。

(三)研究样本的局限性

本书样本的采集主要通过澳门城市大学的企业合作资源并得到万豪酒店

集团的大力支持，笔者展开2～4周的酒店挂职的调研经历；研究样本数据也得到现服务于各酒店朋友的协助采集。

基于问卷资料收集的便利性，本书主要以中国广东、广西、海南、四川等岭南与西南地区为目标案例调研区域，向调研区域内的酒店基层员工及其监察/管理人员（上司）派发问卷调查。碍于本书的研究局限，尽管研究样本的可控性较强，抽样样本数据采集仍具有样本对象选取的局限性，样本无法代表整个中国酒店业员工。所以这项研究的结果并不反映整个中国酒店业的情况，仅限于研究样本。

（四）测量变量的局限性

由于酒店员工-组织匹配经过比较复杂的过程，还要对更为复杂的偶发性因素展开研究。鉴于问题研究的现实性，本书没有将研究目标聚焦于酒店员工与组织匹配的过程中具体的绩效行为，该研究侧重于酒店员工-组织匹配的三个维度（价值观匹配、要求-能力匹配、需求-供给匹配）与工作绩效的三个维度（任务绩效、工作奉献、人际促进）。

因此，该研究仅解释了因变量中的一部分方差，可能存在其他不属于本书的变量对员工-组织匹配和组织认同、工作绩效有显著影响。着力于研究酒店员工-组织匹配对员工工作绩效的影响机制，可以为进一步研究酒店员工-组织匹配奠定基础。

（五）研究时间的局限性

由于本书撰写时间在数据收集、分析过程耗费较长时间，研究历时近四年，故研究结论与发现只基于资料收集的阶段。新的有关旅游酒店接待业发展总体变化后，研究亦应根据最新情形调整理论模型与研究方法。

二、未来研究的展望

与本书相关的未来研究的相关方向很少：

这项研究的结果仅限于中国酒店业的员工。对于不同行业的专业人士，如信息、科技、卫生、体育、公共行政或工商业部门，这项研究将会进入更广泛的应用研究中。扩大本书范围的目的是确保研究结果不仅限于学者，而且适用于所有组织。因此，建议未来的研究工作在不同的背景和样本中展开复制。

目前，本书通过发放问卷收集的信息采用横截面设计而不是纵向设计。从横截面数据结果推断出因果关系的程度，限制了对研究变量之间关系的准确方向的获取。

尽管纵向研究既耗时又昂贵，但未来的研究可以尝试使用时间序列数据或面板数据，将测试用于当前研究的模型可能会有所启发，尤其是对被调查对象的生活背景考察，在今后的实证研究中还将继续探索充实。该研究可以通过纵向研究设计更明确的因果关系。

本书的重点是评估酒店员工－组织匹配与其组织认同态度及工作绩效之间的关系。然而，本书为酒店员工－组织匹配的构架与成因逻辑理顺提供了理论上的启示，但是仅对酒店员工－组织匹配与工作绩效的影响机制，其他影响因素不纳入考虑范围。

酒店服务一线的职业特点是非结构化的工作、赋予员工一定范围的自由裁量权，这给酒店员工提供了定期调整工作边界和工作流程的机会。通过酒店职业选择评估的结果可以观测到酒店员工个体人格与酒店职业环境之间的相似性条件的匹配程度，但无法对特定的酒店组织的适应性展开预测。

有关酒店员工－组织匹配的因素很多：酒店员工－职业匹配（Hotel Employee-Vocation Fit）、酒店员工－工作匹配（Hotel Employee-Job Fit）、酒店员工－他人匹配（Hotel Employee-Person Fit）、酒店员工－群体匹配（Hotel Employee-Group Fit）等。

所以，酒店工作群体的界定可以从临时工作的小群体到组织确认的任何下属单位。尽管员工－他人匹配的发展已经超出了主流的环境匹配文献。大量的学者仍研究探讨了人与人之间的互动作为一种情感激励机制的作用，研究的关注点在于员工自评工作投入、工作压力和上司的变革型领导能力，研究范围包括酒店员工范围内的求职者－面试者、上司－下属、指导者－新来者之间的匹配。建议未来的研究将其他结构（如工作投入、工作满意度、组织识别、创新行为）添加到研究模型中，以确定对酒店员工－组织匹配的影响。

目前的研究将酒店员工－组织匹配对员工工作绩效的变量限制为价值观匹配、要求－能力匹配、需求－供给匹配、任务绩效、工作奉献、人际促进。未来的研究应该考虑酒店其他员工的影响。酒店作为中国旅游款待业的重要支柱，越来越多的海外员工进入中国酒店职场，基于酒店多种工作场景形成各国、各地区、各族群更为多元化的氛围。而且在酒店款待业中，女性人员的从业比例较高，与其组织相适应的员工可能会遇到压力增加的情况。旅游款待业作为劳动密集型行业，以还未正式踏入或正准备踏入社会的各个"世代"（例如，紧随"Y世代"的是还未正式踏入或正准备踏入社会的"Z世代"；中国的"00后"作为职场的新新人类紧随着"90后"正式迈入酒店行业）为代表的大量的酒店职场新生代劳动力与不同年代员工的特性尤为值得关注。

因此，同样建议今后通过在此项研究中添加不同类型的匹配（如变革型领导、族群关系、女性员工、代际、跨文化交际）来与本书进行对比，以更好地了解各种类型的匹配如何相互关联及其对员工态度和结果的影响。

虽然本书已经按照旅游学科的研究范式，通过分析清楚地证明组织认同对酒店员工－组织匹配与员工的工作绩效之间关系的中介效应的重要性，但在对酒店员工－组织匹配的研究领域还需要作出更多的研究，以便更好地理解相应的知识体系。因此，希望未来的研究考虑其他变量在关系中的中介效应。

参考文献

艾维维，冯宇婷，2016，《基于领导-成员交换理论的酒店组织凝聚力研究》，《现代商业》第16期：110–111。

宝贡敏，徐碧祥，2006，《组织认同理论研究述评》，《外国经济与管理》第1期：39–45。

卞吉华，陈传明，2009，《组织文化、人力资源管理与组织效率：基于中日酒店集团的比较研究》，《现代管理科学》第11期：10–12。

陈向明，2008，《质性研究：反思与评论》，重庆：重庆大学出版社。

陈雪钧，郑向敏，2015，《国内外饭店员工离职的研究：述评和展望》，《重庆交通大学学报（社会科学版）》第5期：46–51。

杜晓君，杨勃，任晴阳，2015，《基于扎根理论的中国企业克服外来者劣势的边界跨越策略研究》，《管理科学》第2期：14–28。

风笑天，2017，《定性研究：本质特征与方法论意义》，《东南学术》第3期：56–61。

盖玉妍，2014，《酒店关怀型伦理气氛对员工组织承诺的影响机制研究》，博士学位论文，南开大学。

谷慧敏，贾卉，赵亚星，2017，《企业社会责任对酒店员工离职倾向影响研究：组织认同的中介作用》，《中国人力资源开发》第4期：47–53。

关仲平，2016，《情绪智商、工作怠倦与工作绩效的关系研究》，博士学位论文，江西财经大学。

胡安宁，2012，《倾向值匹配与因果推论：方法论述评》，《社会学研究》第1期：221–242，246。

嵇婷婷，张博，2012，《个人-组织匹配与工作绩效的关系研究综述》，《中国市场》第14期：25–26。

姜道奎，于梦晓，柏群，2018，《人与组织匹配、信任倾向与工作绩效：一个有调节的中介模型》，《中国人力资源开发》第1期：37–47。

蒋逸民，2007，《论定量研究与定性研究的结合及其对调查研究的启示》，中国社会学会2007年学术年会论文集。

李海燕，2011，《酒店员工的个人－组织价值观匹配度与忠诚度的关系研究》，硕士学位论文，湖南师范大学。

刘岩玲，罗忠恒，2017，《个人－组织价值观匹配与酒店员工工作积极性》，《黎明职业大学学报》第1期：20–26。

卢竹，2014，《人－组织匹配对酒店员工工作绩效的影响机制研究》，《中国商论》第25期：102–104。

齐善鸿，2017，《海底捞之忧：真正的企业文化是全员"修行"》，《中外管理》第10期：62–64。

上海盈蝶企业管理咨询有限公司，北京第二外国语学院酒店管理学院，2016，《2018中国大住宿业发展报告》。

田媛，2014，《酒店员工情绪劳动、工作满意度与工作绩效的关系研究》，《经营管理者》第1期：10–12。

王晶晶，郑向敏，陈宸，2015，《酒店非物质激励与新生代员工忠诚的关系研究——基于组织认同的调节作用》，《湖南人文科技学院学报》第1期：60–67。

王萍，2007，《人与组织匹配的理论与方法的研究》，博士学位论文，武汉理工大学。

王彦斌，2011，《资源控制、组织认同与价值契合》，《社会科学》第4期：4–13。

维尔，2008，《休闲与旅游研究方法》，聂小荣等译，北京：中国人民大学出版社。

魏钧，陈中原，张勉，2007，《组织认同的基础理论、测量及相关变量》，《心理科学进展》第6期：948–955。

魏钧，张勉，杨百寅，2008，《组织认同受传统文化影响吗——中国员工认同感知途径分析》，《中国工业经济》第6期：118–126。

温忠麟，叶宝娟，2014，《中介效应分析：方法和模型发展》，《心理科学进展》第5期：731–745。

文吉，侯平平，2018，《酒店一线员工情绪智力与工作满意度：基于组织支持感的两阶段调节作用》，《南开管理评论》第1期：146–158。

吴芳，2013，《社会科学中的定性与定量》，《学理论》第8期：25–29。

吴明隆，2014，《论文写作与量化研究（第四版）》，台北：五南图书出版社。

奚玉芹，2012，《人–组织匹配感知：维度结构及对员工工作绩效的作用机制》，博士学位论文，东华大学。

徐茂洲，2013，《绿岛水域运动观光客行为倾向模式中介效果验证之研究》，《运动休闲管理学报》第2期：41–61。

徐玮伶，郑伯埙，2003，《组织认定与企业伦理效益》，《应用心理研究》第20期：115–138。

杨夏，曾燕，2011，《浅议组织形象与成员组织认同的关系》，《经营管理者》第15期：45–45。

杨宜音，2002，《文化认同的独立性和动力性：以马来西亚华人文化认同的演进与创新为例》，载张存武主编《海外华族研究论集第三卷：文化、教育与认同》，台北：华侨协会总会：407–420。

叶泽川，1999，《人/组织匹配研究述评》，《重庆大学学报（社会科学版）》第S1期：111–113。

尹烁，2017，《管理学中的人–组织匹配理论前沿述评》，《商场现代化》第11期：110–111。

于海波，2012，《跨学科交叉研究视角下的定量与定性——以旅游研究为例》，《科学学研究》第6期：807–812。

张勉，李海，2007，《组织承诺的结构、形成和影响研究评述》，《科学学与科学技术管理》第5期：122–127。

张盼盼，2017，《个人与组织价值观匹配对酒店员工组织公民行为影响研究》，硕士学位论文，华侨大学。

张伟豪，2011，《SEM论文写作不求人》，高雄：三星统计服务有限公司。

张燕君，黄健柏，2010，《基于集对分析方法的人与组织特质匹配研究》，《矿冶工程》第4期：101–105。

章勇刚，2004，《个人－组织价值观匹配对员工行为及工作满意度影响研究》，《桂林旅游高等专科学校学报》第5期：57–63。

赵慧娟，龙立荣，2004，《个人－组织匹配的研究现状与展望》，《心理科学进展》第1期：111–118。

赵卫东，吴继红，王颖，2012，《组织学习对员工－组织匹配的影响：知识惯性调节作用的实证研究》，《管理工程学报》第3期：7–14。

周曙东，2011，《企业环境友好行为驱动因素的实证分析》，《系统工程》第8期：112–118。

朱经明，2007，《教育及心理统计学》，台北：五南图书出版社。

邹文篪，林晓松，朱景山，2017，《服务型领导会影响酒店员工的品牌公民行为吗？——一个跨层级模型的构建与检验》，《旅游学刊》第3期：38–48。

Adkins C. L., Russell C. J., and Werbel J. D. 1994. "Judgments of Fit in the Selection Process: The Role of Work-value Congruence." *Personnel Psychology* 47: 605-623.

Albert S., Ashforth B. E., and Dutton J. E. 2000. "Organizational Identity and Identification: Charting New Waters and Building New Bridges." *The Academy of Management Review* 25（1）: 13-17.

Argyris C. 1957. "The Individual and Organization: Some Problems of Mutual Adjustment." *Administrative Science* 2: 1-24.

Aryee S., Chen Z. X., and Budhwar P. S. 2004. "Exchange Fairness and Employee Performance: An Examination of the Relationship Between Organizational Politics and Procedural Justice." *Organizational Behavior and Human Decision Processes* 94（1）: 1-14.

Ashforth B. E., Mael F. A. 1989. "Social Identity Theory and The Organization." *Academy of Management Review* 14（1）: 20-39.

Bagozzi R. P., Yi Y., and Nassen K. D. 1998. "Representation of Measurement Error in Marketing Variables: Review of Approaches and Extension to Threefacet Designs." *Journal of Econometrics* 89(1-2): 393-421.

Bailey K. D. 1994. *Methods of Social Research*. New York: The Free Press.

Bandura A., Locke E. A. 2003. "Negative Self-efficacy and Goal Effects Revisited." *Journal of Applied Psychology* 88: 87-991.

Bandura A. 1986. *Social Foundations of Thought and Action: A Social Cognitive Theory*. Englewood Cliffs, New Jersey: Prentice Hall.

Bandura A. 2001. "Social Cognitive Theory: An Agentic Perspective." *Annual Review of Psychology* 52: 1-26.

Bandura A. 2002. "Social Cognitive Theory in Cultural Context." *Applied Psychology: International Review* 51: 269-290.

Barrick M. R., Mount M. K. 1991. "The Big Five Personality Dimensions and Job Performance: A Meta-analysis." *Personnel Psychology* 44:1-26.

Baruch Y., Holtom B. C. 2008. "Survey Response Rate Levels and Trends in Organizational Research." *Human Relations* 61(8): 1139-1160.

Bavik A. 2016. "Developing a New Hospitality Industry Organizational Culture Scale." *International Journal of Hospitality Management* 58: 44-55.

Blau P. M. 1955. *The Dynamics of Bureaucracy: A Study of Interpersonal Relations in Two Government Agencies*. Chicago: University of Chicago Press.

Blau P. M. 1960. "A Theory of Social Integration." *American Journal of Sociology* 65: 545-566.

Blau P. M. 1964. *Exchange and Power in Social Life*. New York: Wiley Press.

Blau P. M. 1968. "Interaction: Social Exchange." *International Encyclopedia of the Social Sciences* 7: 452-458.

Blau P. M. 1994. *Structural Context of Opportunities*. Chicago: University of Chicago Press.

Borman W. C., Motowidlo S. J. 1993. "Expanding the Criterion Domain to Include Elements of Contextual Performance." In *Personnel Selection in Organizations*, edited by N. Schmitt, W. C. Borman, pp.71-98. San Francisco: Jossey-Bass.

Bosma et al. 2004. "The Value of Human and Social Capital Investments for the Business Performance of Startups." *Small Business Economics* 23（3）: 227-236.

Bretz R. D. J., Judge T. 1994. "Person-Organization Fit and the Theory of Work Adjustment: Implications for Satisfaction, Tenure, and Career Success." *Journal of Vocational Behavior* 44（1）: 32-54.

Bretz R. D. J., Ash R. A., and Dreher G. F. 1989. "Do People Make the Place? An Examination of the Attraction-Selection-Attrition Hypothesis." *Personnel Psychology* 42（3）: 561-581.

Brigham K. H., De Castro J. O. and Shepherd D. A. 2007. "A Person – Organization Fit Model of Owner-managers' Cognitive Style and Organizational Demands." *Entrepreneurship: Theory & Practice* 31（1）: 29-51.

Bryman A. 2008. *Social Research Methods* 3rd Edition. Oxford: Oxford University Press.

Bui H. T. M., Zeng Y., and Higgs M. 2017. "The Role of Person – Job Fit in the Relationship Between Transformational Leadership and Job Engagement." *Journal of Managerial Psychology* 32: 373-386.

Byrne B. M., Watkins D. 2003. "The Issue of Measurement Invariance Revisited." *Journal of Cross-Cultural Psychology* 34（2）: 155-175.

Byrne B. M., Shavelson R. J., and Muthén B. 1989. "Testing for the Equivalence of Factor Covariance and Mean Structures: The Issue of Partial Measurement Invariance." *Psychological Bulletin* 105（3）: 456-466.

Cable D. M., Derueds D. D. 2002. "The Convergent and Discriminant Validity of Subjective Fit Perception." *Journal of Applied Psychology* 87（5）:

875-884.

Cable D. M., Edwards J. R. 2004. "Complementary and Supplementary Fit: A Theoretical and Empirical Integration." *Journal of Applied Psychology* 89 (5): 822–834. http://doi.org/10.1037/0021-9010.89.5.822.

Cable D. M., Judge T. A. 1994. "Pay Preferences and Job Search Decisions: A Person-Organization Fit Perspective." *Personnel Psychology* 47 (2): 317-348.

Cable D. M., Judge T. A. 1996. "Person-Organization Fit, Job Choice Decisions, and Organizational Entry." *Organizational Behavior and Human Decision Processes* 67 (3): 294-311.

Cadsby C. B., Song F., and Tapon F. 2007. "Sorting and Incentive Effects of Pay for Performance: An Experimental Investigation." *Academy of Management Journal* 50 (2): 387-405. https://doi.org/10.5465/amj.2007.24634448.

Campbell J. Y. 1993. "Intertemporal Asset Pricing Without Consumption Data." *American Economic Review* 83 (3): 487-512.

Caplan R. D. 1987. "Person-Environment Fit Theory and Organizations: Commensurate Dimensions, Time Perspectives, and Mechanisms." *Journal of Vocational Behavior* 31 (3): 268-267.

Chan W. W. H. et al. 2017. "Turning Hotel Employees into Brand Champions: The Roles of Well-Connected Leaders and Organizational Identification." *Journal of Hospitality & Tourism Research* 42 (8): 1232-1253. https://doi.org/10.1177/1096348017744017.

Chatard A., Selimbegović L. 2011. "When Self-destructive Thoughts Flash Through the Mind: Failure to Meet Standards Affects the Accessibility of Suicide-related Thoughts." *Journal of Personality and Social Psychology* 100 (4): 587-605.

Chatman J. 1991. "Matching People and Organizations: Selection and

Socialization in Public Accounting Firms." *Administrative Science Quarterly* 36: 459-484.

Chen C. Y., Yen C. H., and Tsai F. C. 2014. "Job Crafting and Job Engagement: The Mediating Role of Person-Job Fit." *International Journal of Hospitality Management* 37: 21-28.

Chen C., Shen H. W. and Fan X. 2015. "Hai Di Lao Hot Pot: From Employee Stimulation to Service Innovation." *Journal of China Tourism Research* 11 (3): 337-348. DOI: 10.1080/19388160.2015.1082526.

Cheney G. 1983. "On the Various and Changing Meanings of Organizational Membership: A Field Study of Organizational Identification." *Communication Monographs* 50: 342-362.

Choi H. M., Kim W. G., and McGinley S. 2017. "The Extension of the Theory of Person–Organization Fit Toward Hospitality Migrant Worker." *International Journal of Hospitality Management* 62: 53-66.

Choi S. B., Tran T. B. H., and Kang S. W. 2017. "Inclusive Leadership and Employee Well-Being: The Mediating Role of Person-Job Fit." *Journal of Happiness Studies* 6: 1877-1901.

Churchill G. A., Iacobucci D. 2002. *Marketing Research Methodological Foundations*. Cincinnati: South-Western Pulishing Company.

Corley K. G. et al. 2006. "Guiding Organizational Identity Through Aged Adolescence." *Journal of Management Inquiry* 15 (2): 85-99.

Dawes J. 2008. "Do Data Characteristics Change According to the Number of Scale Points Used? An Experiment Using 5-point, 7-point and 10-point Scales." *International Journal of Market Research* 50: 61–77.

Dawis R. V. 1980. "Personnel Assessment from the Perspective of the Work Adjustment Theory." *Public Personnel Management* 9 (4): 268-273.

Dawis R. V. 1992. "Person-Environment Fit and Job Satisfaction." In *Job Satisfaction: How People Feel About Their Jobs and How It Affects Their*

Performance, edited by Cranny C. J., Smith P. C., and Stone E., pp.69-88. New York: Lexington Books.

Dawson M., Abbott J., and Shoemaker S. 2011. "The Hospitality Culture Scale: A Measure Organizational Culture and Personal Attributes." *International Journal of Hospitality Management* 30（2）: 290-300.

Deery M., Shaw R. 1999. "An Investigation of the Relationship Between Employee Turnover and Organizational Culture." *Journal of Hospitality & Tourism Research* 23（4）: 387-400.

Dick R. V. et al. 2004. "The Utility of a Broader Conceptualization of Organizational Identification: Which Aspects Really Matter?" *Journal of Occupational and Organizational Psychology* 77（2）: 171-191.

Downes P. E. et al. 2016. "Motivational Mechanisms of Self-Concordance Theory: Goal-Specific Efficacy and Person-Organization Fit." *Journal of Business and Psychology* 32（2）: 197-215.

Edwards J. R., Cable D. M. 2009. "The Value of Value Congruence." *Journal of Applied Psychology* 94（3）: 654–677. http://doi.org/10.1037/a0014891.

Eisenberger et al. 1986. "Perceived Organizational Support." *Journal of Applied Psychology* 71（3）: 500-507.

Feij J. A. et al. 1999. "The Development of Person-Vocation Fit: A Longitudinal Study Among Young Employees." *International Journal of Selection and Assessment* 7: 12-25.

Fisher R. J., Wakefield K. 1998. "Factors Leading to Group Identification: A Field Study of Winners and Losers." *Psychology and Marketing* 15（1）: 23-40.

Foote N. N. 1951. "Identification as the Basis for a Theory of Motivation." *American Sociological Review* 16: 14-21.

Fornell C., Larcker D. F. 1981. "Evaluating Structural Equation Models with Unobservable Variables and Measurement Error." *Journal of Marketing*

Research 18（1）：39-50.

Frankfort-Nachmias C., Nachmias D. 1996. *Research Methods in the Social Sciences*. New York: St. Martin's Press.

Gioia D. A., Schultz M., and Corley K. G. 2000. "Organizational Identity: Image and Adaptive Instability." *Academy of Management Review* 25（1）：63-81.

Glaser B. G., Strauss A. L. 2009. *The Discovery of Grounded Theory: Strategies for Qualitative Research*. Piscataway: Transaction Publishers.

Golden B. K., Rao H. B. 1997. "In the Boardroom: Organizational Identity and Conflicts of Commitment in A Nonprofit Organization." *Organization Science* 8（6）：593-609.

Grandey A. A. 2000. "Emotion Regulation in the Workplace: A New Way to Conceptualize Emotional Labor." *Journal of Occupational Health Psychology* 5（1）：95-110.

Greenberg M. T. et al. 2003. "Enhancing School-based Prevention and Youth Development Through Coordinated Social, Emotional, and Academic Learning." *American Psychologist* 58（6-7）：466-474.

Gustafson S. B., Mumford D. 1995. "Personal Style and Person-Environment Fit: A Pattern Approach." *Vocational Behavior* 4: 163-188.

Hair J. F. et al. 1998. *Multivariate Data Analysis* 5th Edition. Upper Saddle River: Pearson Prentice Hall.

Hair J. F. et al. 2009. *Multivariate Data Analysis* 7th Edition. Upper Saddle River: Pearson Prentice Hall.

Hair J. F. et al. 2017. *A Primer on Partial Least Squares Structural Equation Modeling (PLS-SEM)* 2nd Edition. Los Angeles: Sage.

Hayes A. F. 2015. "An Index and Test of Linear Moderated Mediation." *Multivariate Behavioral Research* 50（1）：1-22. DOI:10.1080/00273171. 2014.962683.

Hayes A. F., Preacher K. J. 2014. "Statistical Mediation Analysis with a Multicategorical Independent Variable." *British Journal of Mathematical and Statistical Psychology* 67: 451-470. DOI:10.1111/bmsp.12028.

Hayes A. F., Scharkow M. 2013. "The Relative Trustworthiness of Inferential Tests of the Indirect Effect in Statistical Mediation Analysis: Does Method Really Matter?" *Psychological Science* 24: 1918–1927.

Hochschild A. R. 1983. *The Managed Heart: Commercialization of Human Feeling*. Berkeley: University of California Press.

Hogg M. A., Terry D. J. 2000. "Social Identity and Self-Categorization Processes in Organizational Contexts." *Academy of Management Review* 25(1): 121-140.

Holland J. L. 1997. *Making Vocational Choices: A Theory of Vocational Personalities and Work Environments* 3rd Edition. Odessa: Psychological Assessment Resources.

Homans G. C. 1958. "Social behavior as exchange." *American Journal of Sociology* 63: 597-606.

Hult G. T. M. et al. 2004. "An Assessment of the Use of Structural Equation Modeling in International Business Research." *Strategic Management Journal* 25(4): 397-404.

Jansen K. J., Kristof-Brown A. 2006. "Toward a Multidimensional Theory of Person-Environment Fit." *Journal of Managerial* 18(2): 193-213.

Jensen M. C., Murphy K. J. 1990. "Performance Pay and Top-Management Incentives" *Journal of Political Economy* 98(2): 225-264.

Jovičić A. 2011. "The Importance of Fitting Personality Dimensions and Job Characteristics in Employees in the Hotel Management." *Turizan* 15(3): 119-131.

Judge T. A., Ferris G. R. 1992. "The Elusive Criterion of Fit in Human Resources Staffing Decisions." *Human Resource Planning* 15(4): 47-67.

Jung H. S., Yoon H. H. 2014. "Antecedents and Consequences of Employees' Job Stress in a Foodservice Industry: Focused on Emotional Labor and Turnover Intent." *International Journal of Haspitality Management* 38: 84-88.

Jung H. S., Yoon H. H. 2016. "What Does Work Meaning to Hospitality Employees? The Effects of Meaningful Work on Employees' Organizational Commitment: The Mediating Role of Job Engagement." *International Journal of Hospitality Management* 53: 59-68.

Karatepe O. M. 2013. "High-performance Work Practices and Hotel Employee Performance: The Mediation of Work Engagement." *International Journal of Hospitality Management* 32: 132-140.

Karatepe O. M., Kaviti R. 2016. "Test of a Mediational Model of Organization Mission Fulfillment: Evidence from the Hotel Industry." *International Journal of Contemporary Hospitality Management* 28(5): 988-1008.

Katz D., Kahn R. L. 1978. *The Social Psychology of Organizations*. New York: Wiley.

Kinnear T. C., Taylor J. R. 1991. *Marketing Research: An Applied Approach*. New York: McGraw-Hill.

Kong H. Y., Cheung C., and Song H. Y. 2011. "Hotel Career Management in China: Developing a Measurement Scale." *International Journal of Hospitality Management* 30(1): 112-118.

Koyuncu M. et al. 2014. "Servant Leadership and Perceptions of Service Quality Provided by Front-line Service Workers in Hotels in Turkey: Achieving Competitive Advantage." *International Journal of Contemporary Hospitality Management* 26(7): 1083-1099.

Kreiner G. E., Hollensbe E. C., and Sheep M. L. 2006. "Where is the 'Me' Among the 'We'? Identity Work and the Search for Optimal Balance." *Academy of Management Journal* 49(5): 1031-1057.

Kristof A. L., Barrick M. R., and Stevens C. K. 2005. "When Opposites Attract: A Multi-sample Demonstration of Complementary Person-Team Fit on Extraversion." *Journal of Personality* 73: 936-957.

Kristof A. L. 1996. "Person Organization Fit: An Integrative Review of Its Conceptualizations, Measurement, and Implications." *Personnel Psychology* 49: 1-49.

Kusluvan S. et al. 2010. "The Human Dimension: A Review of Human Resources Management Issues in the Tourism and Hospitality Industry." *Cornell Hospitality Quarterly* 51（2）: 171-214.

Lai K. W. I., Hitchcock M. 2016. "A Comparison of Service Quality Attributes for Stand-alone and Resort-based Luxury Hotels in Macau: 3-Dimensional Importance-performance Analysis." *Tourism Management* 55: 139-159.

Lam W., Chen Z. 2012. "When I Put on My Service Mask: Determinants and Outcomes of Emotional Labor Among Hotel Service." *International Journal of Hospitality Management* 3: 3-11.

Lam W., Huo Y. Y., and Chen Z. G. 2018. "Who is Fit to Serve? Person-Job/Organization Fit, Emotional Labor, and Customer Service Performance." *Human Resource Management* 57（2）: 483-497.

Lauver K. J., Kristof-Brown A. 2001. "Distinguishing Between Employees' Perception of Person-Job Fit and Person-Organization Fit." *Journal of Vocational Behavior*（59）: 454-470.

Lee J. H., Ok C. H. 2015. "Drivers of Work Engagement: An Examination of Core Self-evaluations and Psychological Climate Among Hotel Employees." *International Journal of Hospitality Management* 44: 84-98.

Lee J. W., Miller D. 1999. "People Matter: Commitment to Employees, Strategy and Performance in Korean Firms." *Strategic Management Journal* 20（6）: 579-593.

Lee Y. K. et al. 2017. "Person-Environment Fit and Its Effects on Employees'

Emotions and Self-rated/Supervisor-rated Performances: The Case of Employees in Luxury Hotel Restaurants." *International Journal of Contemporary Hospitality Management* 29（5）: 1447-1467.

Lee Y. K. et al. 2006. "What Factors Influence Customer-oriented Prosocial Behavior of Customer-contact Employees?" *Journal of Services Marketing* 20（4）: 251-264.

Levy P. S., Lemeshow S. 2013. *Sampling of Populations*: *Methods and Applications* 4th Edition. Hoboken: John Wiley & Sons.

Lewin K. 1939. "Field Theory and Experiment in Social Psychology: Concepts and Methods." *American Journal of Sociology* 44（6）: 868-896.

Lewin K. 1951. *Field Theory in Social Science*. New York: Harper & Brothers.

Li J., Wong I. K., and Kim W. G. 2016. "Effects of Psychological Contract Breach on Attitudes and Performance: The Moderating Role of Competitive Climate." *International Journal of Hospitality Management* 55: 1-10.

Livingstone L. P., Nelson D. L. 1994. "Toward a Person-Environment Fit Perspective of Creativity: The Model of Creativity Fit." *Academy of Management Proceedings* 1: 244-248.

Lu C. Q. et al. 2013. "Does Work Engagement Increase Person-Job Fit? The Role of Job Crafting and Job Insecurity." *Journal of Vocational Behavior* 84（2）: 142-152.

Lu V. N. et al. 2016. "In Pursuit of Service Excellence: Investigating the Role of Psychological Contracts and Organizational Identification of Frontline Hotel Employees." *Tourism Management* 56: 8-19.

Luo J. M. et al. 2016. "Corporate Social Responsibility in Macau Gambling Industry." *Journal of Quality Assurance in Hospitality and Tourism* 17（3）: 237-256.

Macher J. T., Mowery D. C. 2009. "Measuring Dynamic Capabilities: Practices and Performance in Semiconductor Manufacturing." *British Journal of Management* 20: S41-S61.

MacKinnon D. P. 2008. *Introduction to Statistical Mediation Analysis*. Mahwah: Erlbaum.

Madera J. M., Dawson M., and Neal J. A. 2016. "Why Investing in Diversity Management Matters: Organizational Attraction and Person-Organization Fit." *Journal of Hospitality & Tourism Research* 42（6）: 931-959. https://doi.org/10.1177/1096348016654973.

Madera J. M., Dawson M., and Neal J. A. 2017. "Managers' Psychological Diversity Climate and Fairness: The Utility and Importance of Diversity Management in the Hospitality Industry." *Journal of Human Resources in Hospitality & Tourism* 16（3）: 288-307.

Mael F., Ashforth B. E. 1992. "Alumni and Their Alma Mater: A Partial Test of the Reformulated Model of Organizational Identification." *Journal of Organizational Behavior* 13（2）: 103-123.

March J. G., Simon H. A. 1958. *Organizations*. New York: Wiley.

March J. G. 1991. "Exploration and Exploitation in Organization Learning." *Organization Science* 2: 71-87.

McDonnell A. et al. 2007. "Management Research on Multinational Corporations: A Methodological Critique." *The Economic and Social Review* 38（2）: 235–258.

Memon M. A. et al. 2014. "Factors Influencing the Satisfaction of International Postgraduate Students in the Malaysian Context – A Literature Review and a Proposed Model." *International Education Studies* 7（11）: 76-83.

Memon M. A., Salleh R., and Baharom M. R. 2014. "Linking Person-Job Fit, Person-Organization Fit, Employee Engagement and Turnover Intention: A Three-Step Conceptual Model." *Asian Social Science* 11: 313-320.

Mitchell M. L., Jolley J. M. 2010. *Research Design Explained* 7th Edition.

Belmont: Cengage Learning.

Mostafa A. M. S., Williams J. S. G. 2013. "Testing the Mediation Effect of Person-Organization Fit on the Relationship Between High Performance HR Practices and Employee Outcomes in the Egyptian Public Sector." *The International Journal of Human Resource Management* 25（2）: 276-292.

Muchinsky P. M., Monahan C. J. 1987. "What is Person-Environment Congruence? Supplementary Versus Complementary Models of Fit." *Journal of Vocational Behavior* 31: 268-272.

Mullins L. J. 2001. *Hospitality Management and Organisational Behaviour*. London: Pearson Education.

Münsterberg H. 1908. *On the Witness Stand: Essays on Psychology and Crime*. New York: Doubleday.

Nelson R. R., Winter S. 1982. "The Schumpeterian Trade-off Revisited." *American Economic Review* 72: 114-132.

O'Reilly C. A., Chatman J. 1986. "Organizational Commitment and Psychological Attachment: The Effect of Compliance, Identification and Internalization on Pro-social Behavior." *Journal of Applied Psychology* 71（3）: 492-499.

O'Reilly C. A., Chatman J., and Caldwell D. F. 1991. "People and Organizational Culture: A Profile Comparison Approach to Assessing Person-Organization Fit." *Academy of Management Journal* 34: 487-516.

Paek S. et al. 2015. "Why is Hospitality Employees' Psychological Capital Important? The Effects of Psychological Capital on Work Engagement and Employee Morale." *International Journal of Hospitality Management* 50: 9-26.

Parris D. L., Peachey J. W. 2013. "A Systematic Literature Review of Servant Leadership Theory in Organizational Contexts." *Journal of Business Ethics* 113（3）: 377-393.

Parsell D. E. et al. 1998. "Sensitivity of Various Radiographic Methods for Detection of Oral Cancellous Bone Lesions." *Oral Surgery, Oral Medicine, Oral Pathology, Oral Radiology, and Endodontology* 86（4）: 498-502.

Patchen M. 1970. *Participation, Achievement, and Involvement on the Job*. Englewood Cliffs: Prentice Hall.

Patsfall M. R., Feimer N. R. 1985. "The Role of Person-Environment Fit in Job Performance and Satisfaction." In *Personality Assessment in Organization*, edited by Bernardin H. J., Bownas D. A., pp.53-81. New York: Praeger Publications.

Peng Y., Mao C. 2015. "The Impact of Person-Job Fit on Job Satisfaction: The Mediator Role of Self Efficacy." *Social Indicators Research* 121（3）: 805-813.

Piasentin K. A., Chapman D. S. 2006. "Subjective Person–Organization Fit: Bridging the Gap Between Conceptualization and Measurement." *Journal of Vocational Behavior* 69（2）: 202–221. http://doi.org/10.1016/j.jvb.2006.05.001.

Pierce J. L. et al. 1989. "Organization Based Self-esteem: Construct, Definition, Measurement, and Validation." *Academy of Management Journal* 32（3）: 622-648.

Podsakoff P. M. et al. 2003. "Commonmethod Biases in Behavioral Research: A Critical Review of the Literature Andrecommended Remedies." *The Journal of Applied Psychology* 88（5）: 879–903. http://doi.org/10.1037/0021-9010.88.5.879.

Pratt M. G. 1998. "To Be or Not to Be: Central Questions in Organizational Identification." In *Identity in organizations: Building Theory Through Conversation*, edited by D. A. Whetten, P. C. Godfrey, pp.171-207. Thousand Oaks: Sage.

Rea L. M., Parker R. A. 2005. *Designing and Conducting Survey Research: A Comprehensive Guide* 3rd Edition. San Francisco: Jossey-Bass.

Reichers A. E. 1986. "Conflict and Organizational Commitments." *Journal of Applied Psychology* 71(3): 508-514.

Rotundo M., Sackett P. R. 2002. "The Relative Importance of Task, Citizenship, and Counterproductive Performance to Global Aspects of Job Performance: A Policy-Capturing Approach." *Journal of Applied Psychology* 87: 66-80.

Ryan A. M., Kristof A. L. 2003. "Focusing on Personality in Person-Organization Fit Research: Unaddressed Issues." In *Personality and Work: Reconsidering the Role of Personality in Organizations*, edited by M. R. Barrick, A. M. Ryan, pp.262-288. San Francisco: Jossey-Bass.

Salanova M., Agut S., and Peiró J. M. 2005. "Linking Organizational Resources and Work Engagement to Employee Performance and Customer Loyalty: The Mediation of Service Climate." *Journal of Applied Psychology* 90(6): 1217-1227.

Saunders M., Lewis P., and Thornhill A. 2009. *Research Methods for Business Students* 5th edition. New York: Prentice Hall.

Schein E. H. 1996. "Career Anchors Revisited: Implications for Career Development in the 21st Century." *Academy of Management Perspectives* 10(4). http://org/10.5465/ame.1996.3145321.

Schmitt A., Hartog D. N. D., and Belschak F. D. 2016. "Transformational Leadership and Proactive Work Behavior: A Moderated Mediation Model Including Work Engagement and Job Strain." *Journal of Occupational and Organizational Psychology* 3: 588-610.

Schneider B., Goldstein H. W., and Smith D. B. 1995. "The ASA Framework: An Update." *Personnel Psychology* 48(4): 747-773.

Scotter J. R., Motowidlo S. J. 1996. "Interpersonal Facilitation and Job

Dedication As Separate Facets of Contextual Performance." *Journal of Applied Psychology* 81: 525-531.

Sekaran U., Bougie R. 2009. *Research Methods for Business a Skill Building Approach*. New York: Wiley.

Shen H. W., Luo J. M. 2015. "Evaluating the Quality of Hospitality and Tourism Education in Vocational Institute in China." *International Journal of Marketing Studies* 7（3）. DOI: http://dx.doi.org/10.5539/ijms.v7n3p12.

Simon H. A. 1997. *Administrative Behavior*. New York: The Free Press.

Sluss D. J., Ashforth B. E. 2007. "Relational Identity and Identification: Defining Ourselves Through Work Relationships." *Academy of Management Review* 32（1）: 9-32.

Smidts A., Pruyn A. T. H, and Riel C. B. M. V. 2011. "The Impact of Employee Communication and Perceived External Prestige on Organizational Identification." *Academy of Management Journal* 44（5）: 1051-1062.

Solnet D., Paulsen N. 2008. "Service Climate, Employee Identification, and Customer Outcomes in Hotel Property Rebrandings." *Journal of Hospitality & Leisure Marketing* 13: 3-27.

Song H. Y., Yang S., and Wu J. 2011. "Measuring Hotel Performance Using the Game Cross Efficiency Approach." *Journal of China Tourism Research* 7（1）: 85-103.

Stanley K. D. M., Murphy M. R. 1997. "A Comparison of General Self-efficacy with Self-esteem." *Genetic Social and General Psychology Monographs* 123（1）: 81-99.

Stevens C. K., Kristof A. L. 1995. "Making the Right Impression: A Field Study of Applicant Impression Management During Job Interviews." *Journal of Applied Psychology* 80: 587-606.

Sucher W., Cheung C. 2015. "The Relationship Between Hotel Employees' Cross-cultural Competency and Team Performance in Multi-national

Hotel Companies." *international Journal of Hospitality Management* 49: 93-104.

Tajfel H. 1982. "Social Psychology of Intergroup Relations." *Annual Review of Psychology* 33: 1-39.

Teece D. 2007. "Explicating Dynamic Capabilities: The Nature and Microns of (Sustainable) Enterprise Performance." *Strategic Management Journal* 28: 1319-1350.

Teece D., Pisano G., and Shuen A. 1997. "Dynamic Capabilities and Strategic Management." *Strategic Management Journal* 18: 509-533.

Tepeci M., Bartlett A. L. B. 2002. "The Hospitality Industry Culture Profile: A Measure of Individual Values, Organizational Culture, and Person-Organization Fit As Predictors of Job Satisfaction and Behavioral Intentions." *International Journal of Hospitality Management* 21: 151-170.

Tims M., Derks D., and Bakker A. B. 2016. "Job Crafting and Its Relationships with Person–Job Fit and Meaningfulness: A Three-wave Study." *Journal of Vocational Behavior* 92: 44-53.

Tom V. R. 1971. "The Role of Personality and Organizational Images in the Recruiting Process." *Organizational Behavior and Human Performance* 6: 573-592.

Turner J. H. 1986. *The Structure of Sociological Theory* 4th Edition. Chicago: The Dorsey Press.

Venkatesh V. et al. 2017. "Person–Organization and Person-Job Perceptions of New IT Employees: Work Outcomes and Gender Differences." *MIS Quarterly* 41(2): 525-558.

Verquer M. L., Beehr T. A, and Wagner S. H. 2003. "A Meta-analysis of Relations Between Person–Organization Fit and Work Attitudes." *Journal of Vocational Behavior* 63(3): 473–489. http://doi.org/10.1016/S0001-8791(02)00036-2.

Walumbwa F. O., Hartnell C. A. 1996. "Understanding Transformational Leadership–employee Performance Links: The Role of Relational Identification and Self-efficacy." *Journal of Occupational and Organizational Psychology* 84（1）: 153-172.

Werbel J., Demarie S. M. 2001. "Aligning Strategic Human Resource Management and Person-Environment Fit: A Strategic Contingency Perspective." *Academy of Management Proceedings*. https://doi.org/10.5465/apbpp.2001.6133186.

Wong Chi-yun Alan. 2008. "Leadership Perceptions of Staff in the Context of the Hotel Industry in China. " PhD diss., The Hong Kong Polytechnic University.

Woodruffe C. 1993. "What is Meant by a Competency?" . *Leadership & Organization Development Journal* 14（1）: 29-36.

Wu X. H., Zhang T. 2017. "Work Stress and Job Satisfaction of Employees in Hospitality: A Comparative Study of the Casino Hotels and Non-Casino Hotels in Macau." *International Journal of Advanced Engineering and Management Research* 2（3）: 646-657.

Yang H. J., Cheung C., and Fang C. 2015. "An Empirical Study of Hospitality Employability Skills: Perceptions of Entry–level Hotel Staff in China." *Journal of Hospitality & Tourism Education* 27（4）: 161–170. DOI: 10.1080/10963758.2015.1089510.

Yeh C. M. 2013. "Tourism Involvement, Work Engagement and Job Satisfaction Among Frontline Hotel Employees." *Annals of Tourism Research* 42: 214-239.

Young S. F., Steelman L. A. 2016. "Marrying Personality and Job Resources and Their Effect on Engagement via Critical Psychological States." *The International Journal of Human Resource Management* 28（6）: 797-824.

Zollo M., Winter, S. G. 2002. "Deliberate Learning and the Evolution of Dynamic Capabilities." *Organization Science* 13（3）: 339-351.